女孩兒也有骨氣！
別說我們不需要努力

楊熹文　著

Chapter 1 請尊重一個女孩的努力

親愛的女孩 006
請尊重一個女孩的努力 011
你不是一個人在奮鬥 017
你可以這樣實現夢想 024
不是只有努力就夠了 031
別讓生活太冷清 039
改變，從一件用毅力打敗體力的事開始 045
努力的意義是為了認清自己 054
二十歲之後，你與減肥不再是幾頓飯的距離 059

Chapter 2 愛的盡頭是成長

如何打敗前男友 066
單身是最好的增值時期 072

目錄
CONTENTS

親愛的，沒有什麼比努力賺錢更讓你理直氣壯 079
一對貧賤的夫妻，能夠過上的最好的生活是怎樣的 084
和一個視野開闊的人談戀愛很重要 090
世上沒有灰姑娘 097
不是所有善良的人，在愛情裡都是好人 103
男人，別用花心辜負另一半的信念 109
愛的千萬種方式 116
我用味蕾愛著你 122

Chapter 3
義無反顧的生命之旅

出國是一條怎樣的路 130
我在西方文化裡的自我成長 139
別對這個世界有偏見 147
寂寞的良心 152
假使明天我死去 158

我是個好人，為什麼卻不幸運 165
成功是慢慢來的 172

Chapter 4 那些走得遠的人，從沒有忘記過故鄉

媽，別擔心 182
有一種愛，叫做「媽不想讓你成為我這樣的人」 189
離開家的這幾年 197
吃肉的日子 205
後記　別被生活耗盡了夢想 213

Chapter 1

請尊重一個女孩的努力

人的一生會經歷很多看似無論如何也解決不了的難題，稀薄的金錢，得不到的伴侶，被計劃的人生，無法到達的遠方，再三失敗的嘗試，但是在我至今很喜歡的一句話裡，哈維爾這樣說，我們堅持一件事情，並不是因為這樣做了會有效果，而是堅信，這樣做是對的。

親愛的女孩

你唯一可以創造未來的方式，就是腳踏實地向前走。

親愛的女孩，當我連續打工十四個小時，拖著疲憊的身子回到家，極度需要睡眠的那一刻，接到了你的越洋電話。

牆上鐘錶的指標逼近十二點，夜色靜謐得如同一段黑綢帶，這城市的絕大多數人們已入睡。我還沒來得及和你指出時差的存在，那端的你，帶著啜泣的聲音，聲嘶力竭地和我控訴起生活的殘酷。

你的聲音有些顫抖，委屈地跟我描述辦公室那個同齡的女孩，為什麼她姿色平平每天都有男友的專車接送，而你卻要步行到數百公尺外的公車站，混跡汗涔涔的人群中，轉兩班公車上下班。上週才買的白襯衫被擠到鈕扣失蹤，高跟鞋的小細跟也準備好隨時離開你。

你的語氣裡有一種藏不住的憤怒，指責那個和你在一起五年的男朋友，大學時代浪漫得那麼可愛，如今卻可惡到你不想再看他第二眼。他再沒有時間陪你吃飯逛街看電影，體力和時間全部奉獻給畢業後的第一份工作，可是你們的經濟狀況還是拮据得可憐又可怕。你想去吃牛排喝紅酒，也想去看陳奕迅的演唱會，可是他卻只能帶你到IKEA看看打折的家具，再吃個熱狗和冰淇淋。

你時常對生活心灰意冷，動過無數次離開的念頭。你看到他對這段感情看上去如此的專心和投入，但也在心底偷偷為它設定了期限，你說如果下個生日能收到那條暗示他許久的鉑金項鍊，那你或許就可以放棄嫁入豪門的幻想，和身邊這個窮小子安心過日子。

你說現在和男朋友的父母住在一起，居住條件很差也沒什麼自由，還好他父母老實忠厚，每天做好了晚飯等你下班，總是先把肉夾到你的碗裡，吃飽後從不命令你去洗碗，你於是可以抱著電腦躺在床上看韓劇裡的小鮮肉。他們幫你洗衣服，整理家務，調解偶爾的紛爭，對任何事都寬厚大量，卻總是催著你們辦婚事。

你忽然壓低了聲音問我，是否還記得大學裡某個女生？你說她和男朋友年底就要結婚，你收到他們的請柬卻完全沒有心情參加。據說男方的父母剛剛幫他們布置好了新房，又準備了車子和十萬元人民幣，作為小倆口新婚的彩禮。

你的聲音越來越低，電話那頭傳來的全部是沮喪的情緒。你說如果沒有意外，也許明年你也會結婚，可是你多麼希望迎接你的，是昂貴的新房和多到可以壓倒自己的人民幣，而不是穿著婚紗，走進這破敗的老公寓，和一段不知要奮鬥多久才能看到的未來。

我聽到電話那頭MSN不斷收到簡訊的聲音，你解釋說這是公司的男同事，因為升職的事情最近頻繁聯絡你。我察覺到一絲細微曖昧的情緒，你卻忽然話鋒一轉，精神大好地和我講起這段日子的升職事件。

你已經在這個名列世界五百大的公司工作了兩年，按說這次升職也不是沒有爭取的機會，可是不久前你弄丟掉了公司的一台筆記型電腦，數次的遲到和請假也常常讓上司對你皺眉頭。

你說實在沒心情在嚴酷的職場上拚爭，你嚮往的工作，內容輕鬆薪水高，可以容許你半年走一圈歐洲，或者到夏威夷的沙灘上曬太陽。

你說這樣的兩年，耽誤在初階上班族的工作上多麼可惜。當初的自己應該去考公務員，或者和別的大學同學一樣去上研究所，再多兩年在校園裡過逃課睡懶覺的日子。

聊到這裡，你不好意思地發了個微笑的表情，又找來站不住腳的藉口：你說女孩子那麼努力幹什麼，最後都是嫁人生孩子做平凡的婦人，還不如趁著年輕盡情享受。

你說起最近在看網上代購，LV水桶包賣到七千二人民幣，Burberry圍巾兩千九人民幣，連Dior耳釘都要三千塊人民幣，真羨慕那些嫁入豪門的女明星，郭晶晶（中國跳水運動員）那麼土氣的人都成了闊太太……

過了許久你再也找不到話題，終於想起電話這邊一直沉默的我。

你忽然意識到兩個半球存在的時差，問我怎麼這麼晚還不睡，是不是去酒吧或者和帥哥約會？

我心裡累積了太多的情緒與思考，膨脹著要迸發出來，於是我說——

親愛的女孩，我每天過著披星戴月的生活，並不是因為有金髮碧眼的帥哥邀我去喝酒、跳舞、夜夜笙歌。那些每個月都會準時躺在我信箱裡的帳單，並不容許我這樣做。

我見慣了因為各種原因富裕起來的女孩，她們鑽進跑車，一個晚上就能消費掉我一週的薪水，但我還是心平氣和地開著我的那輛漏雨的小破車，每週努力工作五十幾個小時，數著來路清白的鈔票，並沒有想極力成為其中的任一個。

不是我不相信錢的美好，只是我不期待用依賴一個男人的形式，來實現生活的各種可能。大多數時候，一個沒長到傾城的普通女孩，在這個殘酷的世界中生存，還是應該相信有收入才有尊嚴。

親愛的女孩，請不要指責你那個可憐的男朋友。我想當他全身心奉獻給工作的時候，心裡一定在想著如何給你更好的生活。很遺憾他沒有良好的家境滿足你的幻想，可是當他拚盡全力在職場上奮鬥的時候，你也有和他一同努力改變命運的選擇。

你那麼羨慕那個提著十萬塊人民幣和新房的新娘，可是你更應該慶幸，擁有來自男朋友和他父母那麼大的包容和支持。如果你不想做一個坐享其成的小女人，那麼就對他善良一點，少看一些灰姑娘變身的肥皂劇，也別為別人的幸運煩惱。

這世界上沒有什麼一步登天的幸福，你唯一可以創造未來的方式，就是腳踏實地向前走。

親愛的女孩，我們早已過了東張西望的年紀，應該選擇一種符合自己的生活方式。沒有人不熱愛奢侈的生活，可是至少該先擁有一個與之相稱的靈魂，當人們都在對郭晶晶高攀霍啟剛冷嘲熱諷時，她只說了一句「他是首富我是冠軍」，就擊敗了所有的流言。

我知道你厭倦了無止境的工作，蝸居在老公寓裡的生活，甚至是身邊的這個男朋友，可是當你真的遇到了可以滿足你一切欲望的男人，那時的你，憑什麼讓他覺得值得？

親愛的女孩，你不知道女孩子那麼努力是為了什麼，我想最近看到的一段話可以和你分享：很多人不理解，女孩子那麼努力，最後不還是要回一座平凡的城，打一份平凡的工，嫁作人婦，洗衣煮飯，相夫教子，何苦折騰？我想，我們的堅持是為了，就算最終跌入煩瑣，洗盡鉛華，同樣的工作，卻有不一樣的心境，同樣的家庭，卻有不一樣的情調，同樣的後代，卻有不一樣的素養。

親愛的女孩，你知道嗎？此時此刻，我特別想念畢業那年的夏天，我們穿著不太合身的西裝，淹沒於人才市場，伸著脖子看徵才廣告，把簡歷投了一份又一份。我說太熱了回家吧，你說加油，再堅持一下。

請尊重一個女孩的努力

她一頭栽進對未來的憧憬裡，想拚盡全力試試自己能夠成為誰。

我曾經和一個二十幾歲的男孩租住在同一個屋簷下。

因為一次同時的晚歸，我們有機會坐在客廳裡喝光他那瓶愛爾蘭奶油威士忌，藉著月色和酒意，他和我講起在紐西蘭奧克蘭度過的全部青春。

他的高中和大學，是在逃掉一半課的情況下進行的，到朋友家打遊戲，在酒吧裡喝酒，去俱樂部看脫衣舞孃，拚命往她的內褲裡塞小費。後來有了女朋友，就帶著她到電影院和西餐廳，花光父母寄來的每一筆錢。

畢業之後，女朋友忍受不了南半球的寂寞，回國去過公主般的日子，他留在這裡，在朋友開的公司裡做一份餓不死的工作，每天睡醒了去上班，累了就回家，沒有限制，十分自由。他對這種生活，相當滿意。

他的房間，門始終敞開一半，從裡面飄散出的腐爛味道，分不清是太久沒洗的衣服還是碗筷。桌子上擺著一個巨大的電腦，從裡面傳出來的聲音，是關於現代人穿越到古代的遊戲。他的被子，永遠是沒有疊起的狀態，在床中央揪起一個帳篷的形狀，地板上散開喝了一半的瓶裝水。

有一次在廚房裡碰到他在洗咖啡杯，看著他笨拙的姿勢，我突然覺得有點難過，為那股沉澱了太久的黴菌味道，也為他的生活。

我跟他說，現在是學校放春假的時間，我在打三份工……

他沒有耐心地聽完我的故事，他說，我覺得你那件衣服穿得太久了，該換了。

L是我在異國上學時，眾多富二代同學中的一個。

他長得高大白淨，十分陽光，放在我們這群歪瓜裂棗的人之中，很是顯眼。他的每件衣服都精緻貴氣，書包上鞋子上滿是Gucci的logo，微信上經常曬出各種限量的時尚產品，鮮紅色嶄新的BMW很囂張地停在校門口，墨鏡遮住半張臉，是無所顧忌的那一類男孩。

那時的我，為了攢出每一個學年的學費，除了上課，就是在幾個街區外的餐館打工，有的時候幫朋友去大樓裡的辦公室清潔打掃，一輛破舊的小NISSAN永遠開在賺錢的路上。很多個夜晚，從打工的餐館回到家，忍著睏意把作業寫到凌晨。馬路上偶爾有人醉著飛速駕駛，警車在後面紅藍燈交替著閃爍，可以叫得醒半睡的我。

來自性格裡隱隱的自卑，讓我在做每一件事的時候都格外用力。我是班裡最勤奮的學生，沒有缺席過任何一堂課，堅持把每一份作業做到優秀，無法容忍成績單有「B」的出現。因為錢的匱乏，我在別的地方拚命地賦予自己很多尊嚴。

有一天，當我跑了幾個街區從打工的地方來上課，上氣不接下氣的時候，L抱著雙臂打量著我那件浸了油漬的上衣，皺著眉頭說，我覺得你真要變成打工仔了。

在咖啡館打工的時候，認識了一個女孩。

女孩很漂亮，是那種精心修飾過的漂亮，化妝品全套直到頭髮髮絲。每天九點，準時來喝一杯摩卡，坐在角落裡，眼神勾住每一個看似還不錯的男人。後來女孩總是帶著不同的男人來聊天，男人請她喝咖啡吃西餐，她秀出誘人的事業線，卻總是沒什麼結果。

有一天女孩和我禮貌地告別，很坦誠地說，我的錢越來越少了，簽證也馬上到期了，不能每天都來了。

她的指甲很長了，色彩倉促地留下一半，頭髮晦暗地胡亂梳起來。她說，現階段的目標，就是練習英文，趁著簽證到期前，嫁一個有錢有綠卡的老公。你一個女孩，這麼努力，何必呢？

不知從什麼時候開始，對於一個女孩，在她所有美好的品質中，好像努力，作為一個通向成功非常重要的途徑，就這樣漸漸地消失了。

微信上一夜出現的洗了版的文章，都在說，女孩剛剛好就好，用不著乘著風去奮鬥，嫁個好一點的男人就是人生的最佳模式；街坊四鄰議論的話題，也從單純的「你吃了嗎？」變成了「我家女婿月薪上萬人民幣……」；當我為著一個個微小的目標奮鬥得不亦樂乎時，總有人會在身邊好心地提醒我婚姻的實惠。

彷彿沒有人去尊重一個女孩小人物式的努力，大家更推崇的，是一夜鳳凰的姿態。

我生活在異國的幾年裡，身邊出現過的二十幾歲的女孩們，大多數可以被歸為這幾類：一類家境優越，每天都在抱怨這個國家落後的娛樂產業；另一類家境普通，非常嚮往自給自足的生活，卻總在抱怨工作太難找，不肯踏出吃苦的第一步；而還有一類像我這樣的女孩，不情願讓家庭和愛情為自己買單，甘於在生活裡做個張牙舞爪的女戰士，接受著第一類女孩的瞧不起和第二類的負能量。

我認識的一個女孩，曾經作為同學在課堂上出現過幾個月，後來輟學嫁了人，短短幾年內收穫了綠卡和兒子，職業變成了她夢寐以求的家庭主婦。

本以為生活從此就是幸福的，可是每當從老公那裡伸手要錢的時候，都是一場家庭戰爭的開始。有一次去探望她，她拉著我的手很憔悴地說，什麼時候才能再做一次你的同桌呢？那時沒有錢，不得已才放棄了讀書啊。

我一直不接受對於貧窮的抱怨，相比生活中各式各樣的不幸，貧窮是種選擇而並非無奈。蔡瀾談到對於貧窮的態度時說過，趁著年輕努力賺錢，一份工不夠，打兩份工，兩份工不夠，打三份。在這個國家裡，報紙和網路每天都在更新著數以萬計的工作。不能做一名大公司裡的上班族，那就去做一份簡單的體力工，去超市裡包裝蔬菜水果，到加油站做收銀員，往各家各戶的信箱裡投報紙。

當我第一次站在這個陌生的國度，所有人都在和我講這個季節的工作多麼難找，為了養活自己，我打遍報紙上所有電話，走遍商場所有店鋪，一個最初連錢幣數額都分不清的女孩，在別人的排擠和質疑中存活了下來，靠的是咬著牙向上的意志力和拚到底的不服輸。

我從沒害怕過自己有一天會摔倒，也從未擔心過一無所有，我就是從那裡一路走來的，我知道只要肯努力，活下去並沒有那麼難。

別誤會，我並不留戀著一窮二白的日子，我和所有的女孩一樣，也非常嚮往美好的生活。我想有足夠的金錢，也想擁有自由與愛情，可是在我對生活提出很多很多要求前，我想先對自己有要求。一個女孩，只有努力，手中才握有籌碼。

李娜在接受記者的一次採訪中說，我的夢想就是當一個家庭婦女。

台下的年輕女孩紛紛點頭，掌聲一片。可是，別忘了，在李娜成為一個家庭婦女前，她的職業網球生涯進行了十五年，得了兩個大滿貫冠軍，開創了亞洲職業網球的歷史新河，已經付出了一個女人對事業的全部努力。

所以，別說女孩們不需要努力，也別對著她掙扎的姿態潑冷水。當她穿著線條粗糙的舊衣裳，開著雨刷生鏽的小破車，有人覺得她品味太糟糕，我卻覺得她流汗的樣子很性感。她一頭栽進對未來的憧憬裡，想拚盡全力試試自己能夠成為誰。

此刻，你能做的，就是尊重她的努力。

你不是一個人在奮鬥

每個有夢想的人，心裡都裝著同等的痛苦。

我遇見街邊咖啡館老闆麗絲的時候，正處於人生中一段非常陰暗的時期，我一個人上學，打工，夜裡寫字，在夢想的路上踽踽獨行。

方圓幾百里，能夠因為夢想坐在一起聊天的人沒有一個。很長時間我都處於一種被打敗了的心態，擺出一副垂頭喪氣的樣子，沒有什麼比奮鬥之路的孤獨前行更加痛苦的了。

我經常去麗絲的咖啡館寫字。一杯香濃的摩卡，擺滿書架的經典英文小說，懷舊的鄉村爵士樂，以及那陽光下綻放的小雛菊，常常成就我一整個午後的快樂。

咖啡館大多時候是無比繁忙的，麗絲繫著手工圍裙，笑意盈盈地穿梭在顧客之間，像一隻快樂的小鳥。有時咖啡館悠閒下來，麗絲會坐下來和我聊聊天，她大方地和我分享巧克力餅乾，我向她訴苦生活和學業，她和我講她的人生故事。很多時候，我的困惑和痛苦，就在消耗那一盒巧克力餅乾的時間裡得到了釋放。

大概同是黃皮膚的中國人，我對麗絲隻言片語的人生故事備受鼓舞，她是個明快的女人，卻經歷過我未曾想過的苦難。

麗絲的家鄉是貧瘠的小村落，祖輩承受不起惡劣的自然條件，就漸漸走出一條出國移民路。

大膽的人們，坐在密不透風的貨櫃裡，在海上漂流七天七夜去鄰國，在那裡幽靈一般地務工；膽子小的人，全家人七湊八湊出十幾萬，送家裡年長一點的孩子出國念書，眼神在他的脖頸上套一個繩索，那是一條出路，從此放逐在大洋彼岸的那一端。

麗絲出國的時候，輕信了仲介人信誓旦旦的保票，以為南半球的這裡，到處是黃金和自由，懷裡揣著只夠幾頓飯的紐幣。

麗絲在一個野雞學校報了名，得到一張形式上的簽證，不必讀書就可以跑出來打工。出國的錢都是借來的，她知道自己沒有退路，家中有上著學的弟弟妹妹，還有年近六旬仍在辛苦工作的父母親，以及富起來的鄉鄰們在周邊建起六層別墅的壓力。窮人家的女兒，狠下心來與時間對抗。

早晨六點鐘去麵包店上班，肥大的工作服裡，她的手翻飛在包裝袋與新鮮糕點間，十幾個小時不停歇的流水線工作，肩膀僵硬，關節腫痛，整個人呆滯又疲乏，靠腦子裡想像膨脹開的銀行戶頭餘額，當作一點樂趣。

晚上下班後，又跑到一公里外的小餐館，在廚房裡做油炸小吃。置身於油鍋與砧板間，刀子捅向不太新鮮的雞腿肉，裹上厚重的調味料，指甲邊緣的皮膚，粗糙到裂開細紋，那裡面嵌進太多的味道，洗不乾淨。下半夜兩點鐘關上大門，麗絲裹緊衣服走回家，睡幾個小時，又要爬起來重複一樣的日子。

最辛苦的時候，她開著一輛寒酸的車子，為家中土房改建四處借錢。

作為責任深重的長女，麗絲出國前承諾父母一棟像樣的房子。她走遍所有親近或疏遠的朋友，終於湊來兩萬塊紐幣。按照還算不錯的貨幣匯率，除去要支付給換匯公司的一筆費用，幾天後匯到家鄉鎮上的郵局，經由大伯的摩托車，再轉交到遙遠漁村巴望著的父母手裡，這樣的一筆錢，加上父親常年出海打魚和母親日夜編網的積蓄，大概就可以把家中那個破舊的土房，變成一棟三層高的小洋房。黃昏的最後一抹晚霞燒盡了，十平方公尺的小臥室，麗絲把零零整整的錢鋪開在桌子上，有一種富有的幻覺。她撫平幾張欠條，倚在窗口，只有頭髮鑽得進那點光明，身子浸在黑暗裡，像一株被齊頭斬斷的向日葵。她的心裡，一直到現在還裝著這樣的場景。

這樣的生活，過了兩年多，麗絲才還清了債，能夠花五十塊錢買一台慢得無法再慢的二手桌上型電腦，深夜裡披一條毛毯，看即時通訊軟體上反覆閃爍的頭像。

她並不滿足於替家裡蓋房，她想讓弟弟妹妹讀完大學，想為自己開一間小小的咖啡店，音響裡放著鄉村爵士樂，有新鮮的雛菊擺在方桌上，行人走進來，可以隨手從書架上拿一本好書，慢慢地啜著咖啡，不必著急趕路。

因為這個不為人知的奮鬥故事，我把麗絲作為精神上的偶像。

而那時我身邊的年輕人，卻幾乎都在用一副散漫的態度面對生活：中餐館上班的年輕女孩，態度粗暴，很不耐煩地把餐盤「碰」的一聲放在我面前。銀行裡的小職員，態度懶散，數亂了我的硬幣，一副對生活喪盡念想的模樣。圖書管理員對待我的提議，一臉茫然，並不表現出特別的在乎。

每天所接觸的大多數人，情願擁有一份不須太動腦筋的工作。受勞工法保護，不會對偷懶和散漫做出制裁，抱緊真正意義上的鐵飯碗，年底有足夠的帶薪假期可以用來消遣，平日裡有三兩個能約來喝酒唱歌吃火鍋的朋友，保持住這種小康的生活，不再做一些看不到實惠的追求。

奮鬥的理論在這裡站不住腳，周圍總是出現一些反對的雜音，他們說，吃飽睡睡飽吃的生活挺好的，幹麼要為難自己？

於是我漸漸變成一個很不亮眼的人。白天做從不缺席的好學生，晚上在油膩的中餐館裡招呼顧客，夜裡守著一盞檯燈寫故事。我非常想做一個接地氣的小作家。看著一九九四年意義深刻的電視劇《北京人在紐約》，姜文用那雙拉大提琴的手狠下心去洗碗的那一刻，那份決心讓我號啕大哭；看《搭車去柏林》，谷岳穿越了幾個國家，結尾出現意味深長的那句話，「如果你真的想做一件事，全世界都會幫助你」。

後來我搬了家，和麗絲漸漸失去了聯絡，可是每當要一個人去消化那些難捱的時光，我總是會想起她那張明快的笑臉。

一個偏僻漁村的女孩，差一點在塌了一邊的土房裡，圍著孩子和灶台過一生。她為了如今這樣一場生活，付出了何等的辛苦。在那些站在流水線前，靠幻想銀行帳戶度過的日子，那些因為缺覺走在路上幾乎昏倒的日子，還有那些在被窩裡握緊拳頭，發誓一定要出人頭地的無眠夜裡，她一直在想，自己並非如此孤獨，遠方一定有和她一樣努力的人，在分享同樣的力量。她說起這段辛酸的經歷，竟沉穩得像一切都不曾發生過，「每個有夢想的人，心裡都裝著同等的痛苦，你永遠都不是一個人在奮鬥」。

是啊，每個晚上，當我在帶著餐館油膩的氣息回到家，攤開一張白紙寫字的時候，這世界上還有和我一樣為了夢想奮鬥的人。近處，這些漂洋過海，在另一片土地駐紮奮鬥的留學生們；這些遠離妻子和孩子，超負荷工作只為一張綠卡的男人們。遠處，那些深夜裡還伏在檯燈下，為一道習題冥思苦想的高三生們；那些城市中擁擠公車上，絞盡腦汁拓展業務的上班族們；那些為了下一代，又扛上行李背井離鄉打工的父母們，都是跟我並肩的戰友。

我們從來都不是孤獨地奮戰著。

後來我開始和遠方的朋友通郵件。

我的一個朋友，畢業後在一家公司做外貿業務，負責出售電力產品。

這不是一家業務精良的公司，員工稀少，責任重大，外貿就變成一件萬分孤獨的事。他要負責處理大堆的爛攤子，從一封封沒有回覆的郵件開始，到客戶因為各種理由不付錢，其間要和工廠、貨運代理、保險公司、國外客戶、財務、稅務局、海關、外管局等多方鬥智鬥勇，沒有人會來幫忙。

隔著時差，寒冷的夜裡，他在外地出差，寫給我：「晚上八點多，工廠的小業務員帶著女友領我在當地吃著小吃，談天說地。他倆和我年齡相仿，也是在社會的底層奮鬥著，有種惺惺相惜的感覺。」

死撐在公司與客戶之間的時候，他在郵件裡寫道：「不管在哪裡做哪行都是會遇到各式各樣的問題，遭受各式各樣的困難，我猜你也不容易吧。只要活在這個社會裡，就沒處可逃，要想活下去，活得好，只能適應，讓自己變強。」

我們用郵件傳達生活，分享彼此奮鬥的力量。

這個遠在地球另一端的人，像一面鏡子，讓我知道，除了自己，原來生活中還有那麼那麼多的人，他們用笨拙的姿態，在夢想的道路上緩緩地前進著，就算摔倒了，還是朝著未來的方向。

在最近一封的郵件裡，我講到稍見成績的工作，他回覆：「社會是個大熔爐，很高興你成長了，特別期待再次相見，到那時，我們都會驚訝各自的改變。或許到那時，你成了老闆娘，一拍桌子說，『走，到我店裡坐坐』。然後大家各自開著勞斯萊斯、法拉利、BMW啥的，形成個車隊駛向遠方，而我騎個自行車跟在後面搖搖晃晃的，說不定後座還坐個人，哈哈，瞧我這出息。」

幾天前我收到讀者的來信，提到奮鬥這個經久不息的話題。她說，每當覺得對生活心灰意冷、動力全無，就會再看一遍科比布萊恩的那句話。有記者採訪科比時問：「為什麼你能那麼成功？」科比問道：「你知道洛杉磯早晨四點的樣子嗎？」記者搖頭，科比說：「我知道每天洛杉磯早晨四點的樣子。」

我知道這個故事，科比長期堅持早晨四點起床練球，每天都要投進一千球才算結束。

我決定為這個勵志故事做過一次認真的嘗試，於是真的在奧克蘭四點鐘的寒風中起床，睡眼惺忪地開著車，在一片黑暗中漫無目的地行駛。

我看到，這個城市居然還有光明的地方。戴著耳機跑步的中年女人，街角剛剛撐開門的麵包店，已經開著卡車上路的送貨工人，在路邊為道路做最後維護的技術員，滲出檯燈微弱光亮的房間窗口——這一束束小小的光明，彷若是這個城市裡的正能量座標，昭示著黑暗中的我們：你看，這個世界上，你不是一個人在奮鬥。

你可以這樣實現夢想

你有夢想，就要去捍衛它。

得知有機會出版一本書的時候，是我堅持寫作的第十二年。

從在地方報紙發表豆腐塊文章的十三歲，到在部落格裡和網友分享信念的二十六歲，這份寫作的夢想，就一直拴在我的筆尖，住在我心裡。在合約上簽好名字，開始和編輯討論選題的那一刻，我心裡在想的不是「我多麼幸運」，而是「你終於來了」。

關於寫作這件事，腦袋中能夠想到的畫面有很多：青春期時浪漫情懷發芽，一遍一遍抄著席慕蓉，也在書包深處藏著亦舒和張小嫻，沉浸在都市女人的愛情裡無法自拔。大學時走不出一場痛徹心扉的初戀，決定在一個暑假每天寫兩千字，把十幾萬字的故事封存在心裡。畢業後去上班，朝九晚五的生活外，節省下來逛街聚會的時間，就坐在那陪伴了我十幾年的書桌前，沉溺於文字的海洋。出國後，為了活著，辛苦奔波，寫字就變成每個夜晚結束前檯燈下的最後一幕，那是支撐我度過無數漫長黑夜最深刻的力量……

我對文字的情懷，比一場愛戀更深沉更久遠。

這條一心一意的寫作之路，得到的支持和理解卻並不多。那些得過獎和印刷在報紙上的鉛字，在憂心忡忡的父母眼中，並不是能夠讓我成為一個真正作家的保證。

一輩子接受傳統教育的父母，更願意讓我有一份安安穩穩的工作，不枉費十幾年在學校讀書的辛勞。他們希望我每個月可以領到穩定的收入，和正經人家的女孩子交朋友，再找一個值得依靠終生的男人，一輩子致力於幸福安定的平凡之路。

除去父母認定的「不可靠」，連朋友也覺得「寫字算是哪門子夢想」。我的部落格在很長的一段時間裡，唯一的留言來自於舊相識，「你的才氣閃爍得多麼孤獨」。

真正開始寫出一些成績，是經歷了無數個五點鐘起床寫字的清晨，地鐵上讀書的下班後，還有犧牲掉和朋友逛街唱歌的星期六。

我寫在網路上的文章，開始被人關注、按讚、轉載，竟然有人發來短短的郵件，署名就叫作「和你一樣在世界某個角落奮鬥的女孩」。可是，我也陸陸續續接到這樣的抱怨「工作這麼忙，哪來的那麼多時間和精力實現夢想」、「我那麼努力，為什麼還實現不了夢想」、「別炫耀了，你只不過是幸運而已」。

隔著網路這一層厚重的屏障，我彷彿看到，這樣的嘆息，來自於本可以取得不凡成就的年輕人，他們就在辦公室隔間忙碌的朝九晚五裡，一點點磨掉了對夢想的堅持，轉眼就要進入心事重重的疲憊中年。

我想分享一些在異國寫作的心得，送給那迷茫困惑或者正要半途而廢的人，先別急著轉身，你或許可以這樣實現夢想。

出國後才真正發現，原來能夠用來寫字的時間，都被大大小小的事情占去了。曾經的朝九晚五，就在一個人支撐起的生活下變成了朝五晚九。

白天要去上學，晚上出現在餐館打工，深夜裡的時間用來寫作業，週末稍稍得閒就要去超市採購一週的食物。活著的精神和物質成本都提高了，你會忽然間發現，當很多人很多事可以占有你，你又被很多人很多事吸引的時候，能夠留給夢想的空間，就在妥協與退讓中漸漸縮小再縮小。

那時候我有一份短暫的餐館工作。老闆是個熱心腸的天津人，就像張德芬在《遇見心想事成的自己》中寫的那樣，當你真心想要一樣東西的時候，你身上散發出來的就是那種能量的振動頻率，然後全宇宙就會聯合起來，幫助你獲得你想要的東西。

這個辭掉設計師工作，帶著全部家當跑到南半球開餐館的夢想青年，就在經濟蕭條的季節，爽快地給予我一些空閒的時間。我得以坐在廚房的角落，疊兩個一尺高裝滿醬料的紙箱，一腳蹬著灶台，一腳抵著地面讀書寫作。

頭頂的風扇嗡嗡地轉著，背靠著大米袋子，聞得見鐵鍋裡除不掉的油腥味，在那些油鹽醬醋的瓶瓶罐罐間，讀了劉瑜也讀了嚴歌苓。厚厚的蓋有圖書館章的書疊在一邊，想看的書借不到，就在手機螢幕上讀電子版。有了寫字的靈感，就扯一張為客人點單的紙片，巴掌大的紙片上擠滿零零碎碎的文字，揣進圍裙上的口袋裡。每週洗衣服的時候，從口袋裡倒出一大把折疊的紙片，那就是我很多很多文章的雛形。

那整個冬天，坐在廚房拐角兩公尺見方的地盤，有客人出現的時候我就起來招呼，為掌廚的老闆備好食材，在現實與想像的世界裡，頻繁地切換著我的頻道。

所以你瞧，我並沒有比別人多出來時間。只不過把那些坐公車、上廁所或者是上班間隙的時間，都討價還價地拿來使用。

從前我以為，所有作家大概都擁有隱居於鬧市外的一塊田地，不必對生活擔憂。在一張精緻貴重的木質桌子前，慢慢享用咖啡和美酒，抬眼看去桌角擺有新鮮的雛菊，推開窗戶就是一片湖光山色。

可是後來，讀村上春樹的《關於跑步，我說的其實是……》，才知道：這個如今享譽世界文壇的作家，在剛剛開始寫作時已經三十三歲，正經營一家繁忙的餐館。他最初的小說是在開餐廳的間隙，餐廳打烊收拾停當，查好帳清點好庫存，凌晨關門後趴在廚房的餐桌上寫出來的。我心裡這才覺得釋然，原來那麼了不起的人，也經歷過與時間的對抗。

後來我換了工作，在一家酒吧上班，除去備酒和清掃，每天有四五個小時基本清閒。很多人都抱怨工作無聊，拿著手機對著微信，和世界各地的朋友談天說地。

我不甘心浪費時間，大多抱著一本書。只要遇到值得學習的東西，就記在讀書筆記上。幾年不碰書的同事，表現出十分的不解，「都從學校畢業那麼久了，還有必要學習嗎？」沒有人知道，我的車裡，長久地放著一個紙箱，每去一次圖書館，就把箱子裝滿。

這樣的兩年，我失去了大塊的休閒時間，可是利用零碎的流動時間，看過的書已經超過了兩百本。除此之外，我一直有寫讀書筆記的習慣，每看過一本書，總覺得該做些記錄和思考，這樣才有所收穫。

你瞧，我也並沒有多麼幸運。是在寫到第八本讀書筆記，各式的本子排成厚厚的一排，日記本每天都有書寫的痕跡，部落格上勤奮地定期更新，才有出版社找到我，和我講：「我們一起合作出版一本書怎麼樣？」後來有人問起我：「你是怎麼抓住這個機會的？」我也不知道該如何回答這個問題，我所做的，只是在等待這個機會的時候用力去寫。當這一切來臨的時候，我可以確定，自己能配得上那份夢想。

我讀書的時候，打過好多份工。因為政府制定「留學生每週不可以工作二十小時以上」的規定，所以我工作過的地方，大多都是偷稅漏稅的華人小餐館。骯髒油膩的環境，幾個偷懶混日子的同事，沒有太多良心的老闆，一邊在店裡鞠躬拜佛，一邊把員工當作牲口使喚。

做第一份工作的時候，把午休的三十分鐘一半用來吃飯一半用來看書，莫名其妙地被一同打工、喜歡討論ＬＶ的時髦女孩們排斥。做第二份工作的時候，下班後提著書去圖書館，老闆娘上下打量著我，很諷刺地講：「就你，還看書呢！」做第三份工作的時候，一起上班的小伙子問我「你平時喜歡做什麼」，在聽到我說「圖書館」後，手機裡就再也沒收到過他的簡訊。

好吧你瞧，當我落魄地奮鬥在社會最底層的時候，靠一雙手老老實實地生活，卻是不被允許有夢想的人。得到的嘲諷太多，就在心底深埋一種信念，「你小瞧我，就是成全了我。」

我一直一直記得，《當幸福來敲門》裡，威爾．史密斯扮演的克里斯，在失去工作和老婆，連房租都付不起，只能帶著兒子住在公用廁所裡時，對股票知識一竅不通的他，就在殘酷的華爾街裡，穿一身不合體的西裝，最終靠著百折不撓的毅力，從一家股票公司的學徒，到一家股票經紀公司的老闆。

當他一身落魄，站在籃球場陪兒子打球的時候說過這樣一段話：You got a dream, you gotta protect it. People can't do something themselves, they wanna tell you can't do it. If you want something, go get it.（你有夢想，就要去捍衛它。那些一事無成的人想告訴你，你也成不了大器。如果你有理想的話，就要去努力實現。）

這就是我的故事，如果你也有一份夢想並願意付出相應的努力，我想你一定能實現它。

到現在為止，我還在過著早晨六點去健身房，七點回家寫作，八點半又出門上班的日子。晚上在檯燈前看書，休息日寫讀書筆記，是因為一直相信那句話。你無法決定太陽幾點升起，但可以決定自己幾點起床。你無法控制生命的長度，但可以增加生命的寬度。不必羨慕別人的成功，那些風光，不過因為他們在你看不見的時候，流下了你想像不到的汗水。

把這篇文章送給所有心懷夢想的年輕人，如果有一天，日復一日的單調生活磨滅了你對夢想的熱情，請摸摸胸口，皮膚下那顆滾燙的心臟，每一聲跳動都鏗鏘有力，用心去聽，那是多麼不甘心放棄的節奏。

〃不是只有努力就夠了

徒勞無功，逼迫一個人對生活認輸，又毀掉他進步的全部可能。

我曾經見過一個二十幾歲女孩的雙手，那是四十幾歲操勞的形態，皮膚乾癟鬆弛，暗淡到脫水的色彩。在一家餐館簡陋的灶台上，手套胡亂地褪在一旁，一雙手上下翻飛在生肉和竹籤間，指甲間嵌滿肥膩的肉碎。

那是一家朋友常去的燒烤店，因為營業到凌晨兩點，是搞定宵夜的好去處。下班後大家聚在一起，點幾份火候正好的肉串，再分享一大手啤酒，吃出霧氣騰騰熱鬧非凡的人間氣。

時間久了，和店裡的肉串女孩也混熟了，知道她二十五歲，出國已經三年，是窮苦的留學生，為賺取昂貴的生活費，每天晚上在燒烤店從六點打工到深夜兩點，工作內容就是坐在一張板凳上，對著發霉的牆角，串上整整兩大盆的肉串。

那時我也有一份餐館的工作，能夠體諒這種辛苦。放學時來不及回家就要背著書包去餐館做工，兩分鐘就要把十人桌的殘羹收拾妥當，不然就會遭到老闆娘的痛罵；兩隻腳忙到沒工夫同時著地，髮絲裡永遠浸著一股洗不乾淨的廉價豆油味。

因為這種經歷，我把女孩當作革命戰友，女孩對我也有一份惺惺相惜的感情。

薪水階層家庭的孩子出國讀書，經歷寫出來像一本苦難史，除去上學與做功課，剩餘的時間幾乎都要找一份雜工來打。

幾乎每個二十四小時加油站裡，都會有這樣的孩子在深夜裡一邊打著瞌睡，一邊惦念著明天的功課；骯髒油膩的中餐館，他們又會出現在廚房裡洗碗洗到手指脫皮；深夜的辦公大樓裡，同樣處境的一群人，一個人背著重重的吸塵器孤零零地望著整個城市的夜景……那些被上傳到網路上的照片，厚重的課本和臨近截止日期的幾千字論文，一度讓人們非常羨慕留學生的世界簡單得只有課業繁重，可照片背後的辛酸，卻從未被放進鏡頭裡，那是比課業更沉重的生活。

所幸，這個女孩和我作為其中的一分子，雖然知曉自己和周圍一擲千金的富二代相比，大概隔著奮鬥十年的距離，卻依舊腳踏實地努力著，沒有為了一夜暴富走上歪門邪道。

而在我的生活圈裡，這個女孩絕對是最努力的人，雖然幾乎人人都要在放學後去打一份工，可是像女孩那樣，每天只睡四五個小時，既要讀書又要打夜工，如此拚命的，再沒有第二個。

女孩家境不好，父母退休後還找了份工作來做，電話裡說「砸鍋賣鐵也要供你上學」的話，讓她不敢懈怠半分。她的這份工作，整整做了兩年，也從一個水靈靈的年紀熬成了一副滄桑的模樣。

可是我漸漸地察覺到，女孩的努力，和我的似乎有些不同。

起初在餐館打工，是因為自己除了一點英文，缺乏常識與生活技能，無法找到一份體面的工作，所以只能低下頭來以一副謙卑的姿態面對生活。

儘管在餐館裡是被呼來喝去的角色，只要用心，卻也總是可以找到值得學習的東西。經理的一通訂貨電話、客人的投訴、老闆熱情的推銷，豎起耳朵，字裡行間都能學到有用的資訊。每當被老闆支去洗碗的時候，看著同事竊喜的表情和水池裡漂起黃膩膩的一層油漬，我就恨恨地對自己說：「你二十二歲在這裡洗碗，我一點都不怪你，但如果一年之後你還在這裡，我絕對饒不了你！」

我一直堅信自己有更好的價值，讀書十載，不是為了讓自己去做一份不需要太多智商與情商的工作，走上成為一名聒噪婦女的路，因此這種「不被尊重不被需要隨時可以被取代」的感覺，也常常令我感到十分受傷與不甘。

於是有空的時候，我都會花一點時間看免費華人報紙上的招工廣告，或是從徵才網站上抄下用人公司的資訊。有時候拿著圈圈點點的記錄去給女孩看，她卻沒什麼反應，她覺得這都是沒事瞎折騰，好不容易熟悉了一個地方的環境，賺的錢也夠吃夠喝，幹麼要換來換去？

那時我和女孩的薪水一樣，都要低於法定最低工資，代價就是每週四十幾個小時拚死拚活賺來的錢，都抵不上一個普通公司職員輕輕鬆鬆工作三十個小時的薪水。

我覺得不公平，也親眼見過這樣的職員，並沒有什麼過人的才能，除了一些對公司產品的了解，只不過會開車，能說一口流暢自如的英文來，卻不用像我們這樣一副戰戰兢兢的奴才相。

於是我為自己留了心。把餐館裡的外國人當作免費的外籍教師，去超市時也要和收銀員多聊幾句，看電視只看英文台不看中文泡沫劇，能說英文就不說中文，把自己徹底浸泡在西方的文化裡，學會運用新的思維考慮舊的事情。

生命漸漸被填進很多可能，我看到從未見過的風景，開始憧憬更美好的未來。

我也一直鼓勵女孩：「你長得那麼漂亮，總不能一直在店裡串肉串吧？」

女孩說：「我也想找一份好點的工作，可是我英文不好呀。」

我有些惋惜地看著那雙蒼老的手：「那就每天學一點啊……」

女孩睜大眼睛苦笑著：「小姐，你還覺得我不夠辛苦不夠努力嗎……」

可是學習英文，不就是為了讓自己以後不再這麼辛苦嗎？

銀行帳戶裡稍稍存下一些錢的時候，我又買來一輛只能開、不能看的N手車，拜託朋友教我開車。

從來沒坐過駕駛人位置的自己，把交通規則熟讀了兩個月，還不敢輕易上路，就在五點鐘起床，趁著馬路上人少的時候偷偷練習。

起初以每小時二十公里的速度向下坡駛去，都覺得是不要命的神速，腳掌踩著剎車，脖頸一片冷汗，可是半個月之後我居然考到駕照，悠哉地上路了。我載著女孩去喝咖啡的時候，和她大談特談學車的好處，女孩一頭霧水：「小姐，沒搞錯吧，我的工作就在家門口，你難道讓我開車去嗎？」

可是開車，不是為了去看看家門口以外的世界嗎？

後來聚餐時認識了朋友的朋友，聽他說酒保還算是高薪行業，就咬咬牙花六百塊大洋報名短期調酒班。

二十個人的小班授課，只有我一個非本地人，聽著老師字正腔圓的倫敦腔分外吃力。每天晚上放學，又要穿過一條燈紅酒綠妓女站街的漫長路。我半閉著眼睛小跑到只有我和司機的公車上，把書包裡壓扁的麵包抽出來吃幾口。窗外望去是悽冷的夜景，我竟然還覺得，這生活進步得還挺帶勁。

當我換掉中餐館的工作，到一家規模稍大的西餐館去做服務生，可以有小幅度的加薪時，我和朋友跑到燒烤店裡吃一頓，慫恿女孩也去學點什麼。

女孩一邊漫不經心地把肉戳在竹籤上，一邊看著我調酒的照片，倒吸一口冷氣：「小姐，這可是六百大洋啊，得打多少工才賺得回來啊？為了那一點加薪，還不如守著一份熟悉的工作好好做呢。」

可是學習一份技能，不是為了有更好的工作去賺更多的錢嗎？

我的努力中一直有點仇恨的意味，目標明確，攻擊性強，誰小瞧我，誰就成全了我。

而這個女孩的努力，比較逆來順受，每週除了上學還要做四十幾個小時的夜班，臉色慘白，黑眼圈常駐，連走路看起來都十分虛弱，卻也沒見她抱怨過。

我看著女孩那雙皺紋深重的雙手，指甲又禿又短，一點女孩子的細膩都看不到，內心一顫，這是一雙多麼努力的手啊，可是努力，是為了這樣嗎？努力，不是應該為了有更好的生活？努力，不是該有方向才是嗎？

我看著她不自在的表情噤了聲，或許人各有志，女孩繼續著每晚六點鐘出現在燒烤店的生肉前，一雙手擺弄竹籤快速準確，那姿態真的比誰都努力。

發誓再也不要去洗碗的一年裡，很多人很多事都為我開啟了一扇窗，讓我看到了生活的更多可能。

我換了五份工作，每一份都有新的知識可學，有新的問題要解決，有新的人去遇見，這些都在為更好的未來做鋪墊。而當我再也不用去洗碗，開始體會到「被尊重」與「被需要」，薪水變成了一年前的一點五倍，而女孩還是肉串女孩的時候，我們的友誼就漸漸地維持不下去了。

後來我的生活裡，遇到了很多和女孩一樣的年輕人，大多數人都覺得自己早出晚歸，已經努力到極限，並且覺得「洗一輩子碗，沒什麼丟人的」，也可以養活自己。

可是，明明可以發揮出更好的價值，又肯付出努力，為什麼甘願在一個中餐館裡打一輩子工，而徹底放棄成為更好的人的可能呢？

也許有人會說，「我起點低，和一些有條件的人相比，向上爬很難」，可是還記得《當幸福來敲門》嗎？窮困潦倒的克里斯看見一輛惹火的法拉利停在面前，迎上去問道：「你是做什麼的？」當車內體面的男子給出「股票經紀人」的回答時，他並沒有覺得那是自己無法企及的夢想，而是開始了從一個窮苦之人到成為股票經紀人的漫長道路。

上天在大多數情況下，還是公平豁達的，可是祂不會對一種努力給予慷慨回報——這種努力缺乏方向感，徒勞無功，逼迫一個人對生活認輸，又毀掉他進步的全部可能。努力從不是為了證明自己努力，而是為了擁有更好的生活，能夠保持持續向上的目標，生活才會是一部進化史。

有人對人生進行過理性而又殘酷的解析，在一張A4紙上畫一個30×30的表格，如果讓每個格子代表一個月，那麼這九百個看似微小的格子，就是你全部的人生。

再殘忍一點，除去前面那些涉世未深的階段，還有後面那些心有餘而力不足的日子，你真正可以安心奮鬥、決定自己高度的時間，用筆畫在人生的A4紙上，只不過是那麼短短的十幾行，而平均每兩年時間，一個人就會被自己所創造的價值推向一個新的高度。

於是你常常在同學聚會中看到這樣的情景：分別不過幾年，有些人已經在事業上小有成就，有些人還在守著畢業後的那個職位原地踏步。大多數情況下，這種差別的存在，不是因為前者天資過人，也不是後者不夠勤奮，他們付出等量的辛苦，只不過後者輸給了方向感。

人生這件事，不是只有努力就夠了。

後來我再也沒去過那家燒烤店，不是不想念那個女孩，而是再也不忍看見那樣一雙手。

＝別讓生活太冷清

美好的人生，從來都不會降臨在稀薄的生命裡。

週六早晨從健身房回家，把被汗浸透的T恤扔進洗衣機，沖兩分鐘涼水澡，跳出來坐在電腦前，邊喝咖啡邊打字，桌面上的鐘，此時指向七點半。

能夠從休息日的被窩裡早早鑽出來，去健身房進行一次流汗的儀式，再回到倉庫改造的工作室裡讀書寫字，這幾乎成為我最好的思考方式。

半個城市還在昏睡的清晨裡，六點鐘開始的一天，我竊喜比別人多賺若干時辰，可以把更多內容填進生活裡，讓日子熱鬧擁擠一點。

這樣的生活，並不是所有人都會理解，所以約人的時候過程異常艱辛，經常遭到拒絕。

A說：「拜託讓我再睡幾個鐘頭，這是休息日耶！」

B說：「我才不要去打羽毛球，週一還上班哩。」

C乾脆發來一張圖片給我，被窩裡披頭散髮的她，床頭堆滿零食，剪刀手比劃在眼前，頭頭是道地和我講：「我就是喜歡吃著東西，躺在床上，哪兒也不去，這樣才覺得一天沒有白休息。」

所幸我還有另一群好動的朋友，無論是精神上執行著巨大閱讀計劃的人，還是體能上打五個小時羽毛球也不嫌累的傢伙，都讓我感覺到，生活就算用去浪費，也要浪費在一些有意義的事情上。

我的朋友史蒂夫，剛剛從海上結束十六個月的工作。他負責駕駛直升機，在大海上撒網收網。他就職的是一個韓國捕魚公司，雇員全部由亞裔組成，無論是來自菲律賓黝黑瘦小的小伙子，還是友善禮貌的印尼人，都讓白皮膚的史蒂夫成為文化交錯裡的聾啞人。

他沒法聽懂他們熱情洋溢的語言，對方也無法理解複雜的英文，只能依靠工作上簡單的單字進行短暫的交流。二十幾歲的史蒂夫，是別人眼中缺乏生命的白色雕像，甚至都不存在於海上捕風捉影的流言裡。

他每天只須工作兩三個小時，剩餘的時間，就住在船上的小屋裡，躺在床上一雙眼直直地望向天花板，扳著手指想：「現在做點什麼呢？」

性格開朗的史蒂夫，在一個完全封閉的環境裡，甚至感覺到精神崩潰的跡象。最可怕的時候，他六十九天沒有上岸，好多次駕駛著直升機看到陸地，因為執行任務又要馬上返回。

就像《海上鋼琴師》裡一輩子住在海上彈著鋼琴的「一九〇〇」，史蒂夫是飛在天上無法著陸的一隻鳥，一雙翅膀呼扇地迎著風翱翔，攏向自己的都是孤獨。那時他完全可以選擇辭職，就和之前接受這份工作的三個飛行員一樣。可是史蒂夫決定從床上爬起來，不再緊盯頭頂上的天花板，這或許是一次學會與自己獨處的機會，他不想把日子過得冷冷清清。

第一次著陸後，史蒂夫迫不及待地買來一箱子書。大咧咧的男孩子，開始把最寂寞的時光，獻給青少年時期來不及閱讀的世界名著。

從伏爾泰讀到海明威，再從雨果讀到莫泊桑，靜下心來體會藝術裡小人物的掙扎與落寞。後來著陸時，他又抱回若干經典電影，從裡面捕捉靈魂流露感情的瞬間，花幾個小時把一張臉龐臨摹在白紙上，甚至模仿《鐵達尼號》裡的傑克，重新為蘿絲畫了一張裸體畫。

他拿給我看的時候笑著說：「那時候沒有女朋友，所以胸比電影裡畫得大了點。」

史蒂夫在海上的孤獨世界裡，為自己構築了一個天馬行空的領地，他撿起多年不碰的吉他，戴著耳機每天花數小時自學法語和日文，為自己製作飛行的小短片，配上驚悚刺激的音樂，片尾寫著史蒂夫，後面又俏皮地加上史匹柏，他甚至還寫了一本十六個月來的工作總結，把飛行的經驗和心得完完整整地寫下來，鄭重交給接手這份工作、同樣白皮膚的飛行員。

十六個月與社會絕緣的時光，史蒂夫是最有理由把日子過得冷清的人，卻活得比我們這些貌似匆忙的人充實得多。

我佩服他的態度，沒有讓生活變成一潭死水，可也深知並非所有人都像他一樣，可以做一個非凡的飛行員，繁忙時在天空做勇猛的雄鷹，閒暇時窩在小屋裡做孤獨的戰士。

我們之中的大多數，做一份朝九晚五的工作，是匆匆趕路的普通人，不必面對一個人的孤獨，卻要惦記交付月底的厚厚帳單，為生活做出一番掙扎，所以很多人需要縱容自己小小的懶惰，在可以享受自由的休息日裡，攢夠再次面對煩瑣工作的力氣。可是，普通人和普通人的日子裡，也有大相徑庭的內容。

我大學時的英文老師，是一名離異的婦女。獨自撫養四歲的兒子，那時的她三十六歲，相貌平凡，聽說常年出差的老公出了軌，於是在半年內變成了她的前夫。我們這些八卦的女同學，以為這樣的人生對於一個即將凋謝的女人，一定是不幸的，從熱鬧的講台回到清冷的家，她會摘去強顏歡笑的面具，做回幽怨的棄婦吧。

可是時間久了才知道，這個女老師雖然眼角已經冒出滄桑，可是她的生活裡傳來的熱鬧，不只是屬於廚房裡油瓶碰撞鹽罐的聲響，還有每天晚上六點半的瑜伽課，深夜裡練習的口譯材料，檯燈下為雜誌社寫的遊記，日記本裡計劃好的下半年歐洲自由行。

畢業後，我已經記不得修過她的哪門課，但還很清楚地記得有關她的一些片段，她開一輛亮眼的小紅車，總是花很多心思在衣著搭配上，一張臉雖然有漸老的痕跡，身材卻是那個年齡少見的窈窕。

我們都窩在家裡的寒暑假，她就拿著平日裡做同步口譯的外快，帶著年幼的兒子去世界各地開眼界。回來時拿大量的照片，還有刊登在雜誌上的遊記，做成投影片放給我們看。

她說：「我的人生並不歡快，但我為自己創造的快樂指數還是蠻高的。人這一輩子，應該多做一些事，多看一些風景，不能只認得坐在樹下乘涼的街坊四鄰，也不能到老了還走著家門口的兩條街。」那種忙碌充實的狀態，就變成這些年來，儲存在我心裡的生活哲學。

我的一位相識，二十六歲的女孩，有我羨慕的高䠷身材，還有頗具回頭率的天使臉蛋，可是每次見到她聽說的事情，卻總是與「吃飯」或是「減肥」有關。

今天在說「哎呀呀，撐死了，再也不吃這麼多了」，明天又抱怨「餓死了，只吃黃瓜不開心」，唯一一次對學英文產生興趣，堅持兩天又大呼「不學了，睡覺去，背單字比死都難受」。若是許久不見她，我能聽到女孩聊起生活裡的話題，只有身材的忽胖忽瘦。

我時常好奇地想，面前的女孩，十年後的生活，會不會投進一顆石子，空蕩得連「咚」的一聲回響都聽不到，而今年這個美麗的她，又會變成怎樣的人？那時還會不會有男孩子痴痴地望著她？

生活中，我很少讓自己閒下來，恨不得把每個時間縫隙都填滿。很多人不理解我所執著的這種高密度生活主義。

每次去圖書館拉回家一箱子書，有人問我：「讀這麼多書有什麼用？」打三份工的時候，有人說：「打那麼多工能多賺幾個錢？」冬日裡早晨六點鐘去健身房跑步，有人說：「你又沒有太胖，那麼早起床幹麼？」一個人跑到激流島暴走六個小時只為感受顧城存在過的土地，有人瞪大眼睛：「跑那麼遠的路就為了做這個？」

對於很多問題，我都無法給出一個確定的解答。我只是知道，我想要一種未來，和美好有關，而美好的人生，從來都不會降臨在稀薄的生命裡，我能夠做的，只是別讓生活太冷清。

我喜歡熱鬧的生活，在靈魂裡沸騰起來的聲音，彷彿一種欣欣向榮的預言，聽起來特別踏實溫暖。

〃改變，從一件用毅力打敗體力的事開始

從今天開始吧，別再抱怨改變的艱難。

我最近收到的讀者留言裡，出現很多這樣的問題——

逃竄同學說：「很厭煩現在的這種生活，早想改變一下，只是一直行動不起來。」

硫克同學說：「終日生活在工作、遊戲、電影中，想要跳出這樣的日子，我的夢想是如此遙遠，不知如何去實現。」

微薄荷陽光同學說：「我也想和你一樣做一個積極向上、依賴於自己的女孩子，可是總是找不到正確的方法，不知道要從哪裡入手，每次告訴自己要努力，可是堅持不了幾天就放棄了，也找不到當初努力的原因……」

改變究竟是一件多困難的事呢？我的整個大學四年都在驗證著「改變」的不可實現性。

回望那四年，我發誓從未見過自己這般糟糕的女生。

和現在的勤奮相比，那時的我過著截然不同的生活，我超重、邋遢、墮落心強，缺乏對

未來精美的計劃。我羞於向人展示的寢室裡，書桌上鋪滿了散落的文具和課本。上個星期的變質麵包來不及扔掉，大大的電腦螢幕汙跡斑斑，鍵盤縫隙裡裝滿清晰可見的餅乾渣，我的床鋪上擠滿毛絨玩具和化妝品，被褥在整個學期裡有一半的時間懶得疊起，沒有清洗的咖啡杯放在陽台上四個月，差點培育出毒蘑菇。

我經常逃課，把在寢室看美劇和日劇當作「我在自學啊」的安慰，靠一點小聰明，用突擊復習法把期末考試蒙混過關。

我做事缺乏條理，忘記去圖書館還書，欠出八十五塊人民幣的罰款，永遠把作業拖到最後一秒去完成，也時常把一些事情本末倒置。

我渴望舞台卻懼怕成為焦點，從來沒有參與過什麼社交活動，習慣一個人窩在寢室裡和自己的壞情緒做伴。

更可怕的是，我用火鍋和燒烤消磨一個個寂寞的晚上，啤酒填滿青春的迷茫與慌亂，導致每半年照片裡的自己都要大上一個尺寸。每年一次的八百公尺體育測驗，我是唯一無法完成任務的女生，氣喘吁吁裝模作樣地跑下二百公尺就主動投降，理直氣壯地和體育老師解釋，「我身體不好，每次跑步心臟特別難受……」

我的決心深厚，毅力單薄，總是在做一些持續性很差的事，比如突發奇想去操場上走十公里，卻在第二天蜷在被子裡邊吃洋芋片邊看一整天電視，還要在微乎其微的效果前委屈地抱怨：「為什麼別人的改變看起來都毫不費力呢？」

在那些最美好的日子裡，我盡情地做夢也盡情地辜負自己。我想成為期末考試中的佼佼者，卻連每個晚上兩個鐘頭的自習也不肯堅持。我想穿著禮服在舞台的聚光燈下唱歌，卻連報名參賽的申請表也不敢填一份。我想找一份知名企業的實習工作來做，卻連份像樣的簡歷都沒準備過。我想成為纖細的美人，卻從來不肯做一點流汗的運動。我想成為一個作家，卻半個月也懶得動筆一次……

我做了那麼多徒勞的白日夢，卻從來沒成為夢想中的那個自己——事實上，我連一丁點機會都沒有給自己。

畢業之後受到一次感情上的重創，猶如渾濁天空裡劃過一道閃電。雖然痛徹心扉，可那道強光卻把我的世界都劈亮了，讓我除了忙著痛恨渣男，也漸漸發現，我在自我建設上的失敗的程度，比渣男的道德敗壞還要嚴重，是我先背叛了自己，他才來背叛我。

我一直活在這麼多的問題裡，迫切地需要一場改變，也情願付出努力，期待自己成為好一點的人。我急功近利，恨不得在一夜之間就把所有的壞毛病全部剔除，軟體硬體一個不落地統統升級完畢，而日積月累下來的惰性習慣，並不是非常容易就可以捨棄的。

人們從一種墮落的生活中逃離，往往需要來自外界的強烈刺激，比如失戀、離異、親朋好友的背叛和嘲諷，如此變故常常會令人衍生仇恨，以此去支撐一場動力十足的自我變革。

可是即便再強烈的仇恨，也有煙消雲散的那一天，當你的動力從熊熊大火變作奄奄一息的小火苗，就會意識到任何改變如果沒有來自於內心堅定的意願，通常都不會持久。西方有句著名的諺語，God helps those who help themselves（自助者天助），說的就是這個道理。

可是我必須說明，在最初改變的時候，我滿腦子裡想的都是復仇的計劃。關於一段越想越氣憤的感情，我心裡分分秒秒在對自己講：「他給我多少痛苦和委屈，我就要用這些為自己贏得多少光鮮。」

那時在看的《把信送給加西亞》中寫道：「世界上再宏大的工程，也都可以分解成細小的具體事情，要想做成大事情，就必須把分解後的每一件小事情做好，所以任何事情都要從一開始做起，只有從一做起，才能做到二、做到三，才能最終成功……」對此我十分贊同，任何一次下定決心的改變，都要從一件看起來比較難的事開始，而為了給自己的改變尋找一個突破口，我決定，早起。

我看過很多關於早起的科學報告，也了解一些幫助早起的健康理論，可在我看來，這純粹是一件有關毅力的事。

對於一個把鬧鐘定在七點鐘，而時常在八點半不得不起床的時候才一躍而起的人來說，把鬧鐘設定在六點鐘逼迫自己一定起來的感受，是頭腦中兩種聲音的激烈爭辯，一方說「太累了再睡一會兒，實在是爬不起來」；另一方在說「快起來，昨晚睡前還發誓一定要六點鐘起床呢」。

在你連續兩天聽從前者的聲音，依舊八點半才睡眼惺忪地醒來，那我相信你一定逃不掉自尊心的責怪。一個連自己的決心都要辜負的人，就別指望有什麼成功的人生了。生命沒有那麼虛弱，不必靠很多的睡眠來維持。

而當你最終說服自己，可以每天準時早起，那麼這是一件有多麼好的事呢！在每天為自己多爭取的兩個小時內，我能夠為一整天做個詳盡的計劃，處理掉一週的全部郵件，寫一小段故事，專心讀一百頁的書，有時還能看完一整部電影。一整個月下來，往往可以寫出幾篇文章，看完近二十本書、七部電影，和遠方的朋友保持郵件聯絡，這些作為持續的累積，放在我的人生裡，就是長久的優勢。

我的意見是，當你決心早起，也擁有六點鐘起床的毅力時，你一定要清楚「我為什麼要早起」。你每年比別人多出的二乘以三百六十五個小時的時間，不是拿來聊天玩遊戲無所事事的，這樣爭取來的時間，要做一些對未來有貢獻的事，可以在一段時間的堅持下，為你的人生或事業提升一個新的高度。

作為一個二十六歲的女生，我十分理解年輕人的現狀，初入社會，疲於奔命，身心勞累，恨不得把每一分鐘用來休息，哪捨得去早起？

而想一想賈伯斯曾經每天早上六點起床，歐巴馬夫人蜜雪兒堅持每天早起四五點就到健身房鍛鍊，星巴克的主席蜜雪兒．蓋斯每天四點半便起床跑步，蘋果執行長提姆．庫克淩晨三點四十五分便會發 E-mail 給同事……你覺得自己會比他們更忙碌嗎？

當我意識到我還可以為生活做出更多的改變時，我開始試著跑步。這一次不為別人，只為自己。

而在開始談跑步之前，我必須感謝文學的力量。有人常常質疑讀書的意義，覺得市面上的小說都在講愛情糾葛、家庭祕密或是職場的鉤心鬥角，這類閒書怎麼會對人有鼓舞意義呢？然而在跑步的最初，我接受的動力恰恰來自於一本「沒營養」的言情小說，裡面講一個職場女人的歷練，凡事對自己都有恰到好處的節制和約束。由於堅持每日五公里的慢跑，一次在和上級打球時，受到大加稱讚，促成了一樁合作的機會。她驕傲地想，十年間每天晨跑幾公里練出來的體力，一般人一時半會兒還真達不到這境界。

而當我看到三十幾歲的劉瑜在書裡歡暢地寫道，「我原諒上帝讓我長到五十四公斤……」我鬱悶地想，什麼時候上天讓我變成五十四公斤，什麼時候我才肯不計前嫌地原諒他。

所以跑步之初，除了抱著鍛鍊意志力的目的，我還希望可以塑造良好的身材。

半年前我開始每天去健身房報到，最初在跑步機上快走一個鐘頭，頂多跑上兩百公尺，然後氣喘吁吁地繼續走路。那時看著身邊跑步的人，心想自己什麼時候才能像他們一樣，可以毫無間斷地跑上半個鐘頭呢？

兩週後，我嘗試跑步，從兩百公尺氣喘吁吁的狀態，可以支撐到八百公尺，並且以此為榮。

四週後，我把跑步當作一種信仰，進步神速，可以持續跑一點三公里、一點六公里。

六週後跑三公里，三個月後五公里，三個半月後達到六公里。

而半年後的現在，我減掉五公斤的體重，身體和心理非常健康，嘗試過連續十公里的慢跑，如今保持每天七公里、每週不低於四十五公里的成績。

我通常用毛巾擋住跑步機上的計數器，聽四分鐘一循環的歌曲，跟著音樂的節奏動感十足地奔跑。耳朵裡聽過十四遍同樣的聲音，腳下便會跑過七公里的距離，而當我不再把注意力放在音樂和計數器上，我開始思考生活中的各種問題。

長距離的慢跑有著非常奇妙的作用，它讓生命中的其他問題都顯得簡單，你開始覺得每星期收拾一次屋子不再是負擔，你開始覺得拒絕油炸食品和葷腥沒有那麼艱難，你開始覺得工作上的不開心有了發洩的管道……

生活中還有那麼多的可能，一個人能夠從兩百公尺跑到十公里，那還有什麼難題是解決不了的呢？跑步令我的每一天都有新的收穫，改變成為一種挑戰，這是非常持久的樂趣，而我在青春裡拖欠了許久的努力，如今終於可以加倍做出償還。

在我跑步的過程中，我的精神力量大多來源於村上春樹，他是我十分敬重的一位作家，因為很少有靠腦子去生活的人，也能把身體用得如此充分。關於對他跑步的訪談，我列印了一份放在桌面上，作為永久的激勵。

他堅持每週六天的跑步，每一天跑五公里，每年跑一次十公里賽、一次半程馬拉松和一次全程馬拉松，甚至在一九九五年參加了一次一百公里的超級馬拉松，花了十一小時四十二分跑完全程。

他說，跑步讓我知道自己努力的極限在哪裡，又打趣道打算在自己墓誌銘上寫下：至少他是跑完而不是走完的。

無論把何種運動作為改變的開端，都是不錯的選擇。

直到現在有人向我抱怨生活的苦悶，我還是會給出這樣的建議：去跑步吧。

的確，跑步是無須任何成本的投資，也提供了最好的思考狀態，當你腳下保持著頻率不變、向前做著重複的動作時，你腦中的思緒也漸漸地清晰起來。這是毅力多於速度的比拚，你會在這樣的節奏裡為生活的難題一一找到解決的方案。

村上春樹在接受採訪時被問到是如何給自己激勵，才能每天堅持出門跑步的，他這樣回答：「天氣有時會太熱，有時太冷，有時又太陰沉。但是我還是會去跑步。我知道，假如我這一天不出去跑，第二天大約也不會去了。人本性就不喜歡承受不必要的負擔，因此人的身體總會很快就對運動負荷變得不習慣，而這是絕對不行的。寫作也是一樣。我每天都寫作，這樣我的思維就不至於變得不習慣思考。於是我得以一步一步抬高文字的標竿，就像跑步能讓肌肉越來越強壯。」

我想，就算村上春樹一直「陪跑」諾貝爾文學獎，他也早已經在讀者的心中收穫了那張獎牌。

就從今天開始吧，別再抱怨改變的艱難。從一件用毅力打敗體力的小事出發，為自己在歲月裡信守一個諾言，你會經歷枯燥而乏味的過程，可是總有一天會感謝自己的堅持，因為那時的你會發現，這世上除了自己，再沒有什麼可以打敗你。

努力的意義是為了認清自己

可以沒有聽從命運的安排，也成了這麼好的人。

我在即將離職的前幾週見到了來接替我職位的人。一個二十二歲的女孩，青春亮麗，是被寵壞的北京大妞，和我聊天時說道，出國六年沒有打過一份工，當初被送出來留學是因為她拒絕參加高二會考，在那天把自己鎖在房門裡蒙頭睡覺，因而失去大學入學考資格。

出國後，女孩在仲介的建議下，在一所收費昂貴的學校裡學習飯店管理，在學到如何清潔飯店客房的時候，為了逃避艱苦的實習，她擅自休學回北京待了大半年，後來被母親勸回來，又開始了第二次求學路。

畢業之後閒在家中，和相處一年的男朋友結了婚。老公想要開發房地產生意，女孩撒嬌從家中要來百分之二十的頭期款，買下一塊七十五萬紐幣（約合人民幣三百五十萬）的富人區地皮。二十歲出頭從未有過建築經驗的老公，躊躇滿志地計劃著，用半年時間建一座估價一百八十萬的豪宅，說起來像兒戲般容易。

北京大妞說，當初和男友結婚，和家中進行了許久的冷戰，這回家人支援的十五萬紐幣（約合人民幣七十萬），沒辦法讓建成房子前的這半年日子和從前一般舒適，她被迫出來打工，極不情願地講：「哎，這下我們要過半年的苦日子了。」

我和北京大妞相處了幾天，看著從未有過任何工作經驗的她，遇見新的問題總是怨聲連天，也開始可以理解，這種每週上五天班，每天做八個小時，普通人所養家糊口的工作，在北京大妞的眼中就是漫長而辛酸的「苦日子」。

北京大妞和我聊到住房情況，我向她展示種滿蔬菜的小花園。她睜大單純的眼睛難以置信地對我說，「你還沒有房子啊？」在她的眼中，二十六歲，差不多是可以退休的年齡，怎麼會連個屬於自己的房子都沒有呢？為什麼要浪費大好的青春，每天去上班累個半死還不去求助父母的幫忙呢？

我雖然已經習慣來自同齡人諸如此類的打擊，但是心裡還是被刺痛了一下。

我很佩服大妞可以隨便一撒嬌就從家人那裡得來一筆巨款，去敲定一塊七十五萬紐幣地皮的擁有權，可我也十分驕傲我的帳戶在三年裡攢下的一萬塊。那是把多少清晨和深夜狠心地拿去工作，用多少頓泡麵去替代珍饈美味，把多少逛街和聚會的時間用來在家中靜靜地寫字，才一分一分得來這樣薄薄的儲蓄，那種滋味，多麼辛苦也多麼踏實。

然而這些，我都沒講給北京大妞聽。我想她不會理解，又或許她永遠都不會理解。

很久以前看到這樣一篇文章〈我奮鬥了十八年才和你坐在一起喝咖啡〉。那時年紀小，只驚嘆於城鄉生活水準的巨大差距，如今對生活有了更深的感悟，再讀時卻感慨作者為了更好的生活，所付出的多年的不懈努力。

作者說，「比較我們的成長歷程，你會發現，為了一些在你看來唾手可得的東西，我卻需要付出巨大的努力。」作為農民子弟的他，為了改變命運，能夠去大城市裡的好學校讀書，連中秋節都要站在路燈下默默地背著考題，家中為支付高昂的學費東拼西湊。他在校園中忍受同學的嘲笑，吃便宜的飯菜，努力拿獎學金，拚命打工。畢業後靠一份微薄的薪水還助學貸款，寄錢給弟妹讀書，剩餘的只能勉強支付基本開銷，這一路走了十八年，他才融進上海這個國際化大都市中，能夠和周圍的上班族朋友坐下來一起喝咖啡。

從一個農民到一個上班族，明知道有這樣大的差距，他卻從來沒有放棄過。

也許有人會說，「十八年這麼辛苦，這樣的努力值得嗎？其實一輩子做農民也很不錯呀！」我想這樣奮鬥的十八年，不只是一杯咖啡的收穫，還有那麼多的辛苦，讓你一點點認清自己的極限、自己的能力，自己能克服多少困難，創造多少機會，能成為什麼樣的人，能過上多麼美好的日子，而不只是接受生命給予你的最初的可能，不做任何掙扎與反抗。

畢業後我一直在用最簡單的方式衡量自己的價值：當我可以做一份工作每週賺四百塊錢，那我就只有四百塊的價值；而當我可以賺到六百塊的時候，我就知道我的價值變成了六百塊；當我只會在餐館裡擦桌子，我只有擦桌子的價值；當我可以調酒的時候，我就有了調酒的價值；當我可以教中文的時候，我就有了中文老師的價值；當我努力寫字被人認可的時候，我就又多了可以寫字的價值；而當我可以把一件件心中所想的東西搬進生活裡的時候，我就知道我的價值可以讓我擁有一張床，一個書架，一盞檯燈，一部車子……

而當我奢望著另一些還無法立即實現的夢想時，我就知道我必須繼續努力，讓自己變得更加強大，擁有足夠的價值去實現這樣的願望。這樣循序漸進的努力，在我看來是人生應有的步驟，讓我看清自己的價值，審視自我的能力與極限，並且按部就班地成為更好的自己，可是身邊的年輕人不再稀罕這樣的品質，大家曬包包曬車子，卻從沒有人提出這樣的想法，「喂，我們曬曬努力吧！」

記得富二代朋友的爸爸對他這樣說過，「我可以養活你，一輩子都沒有問題，但是你這輩子一定要有一份可以養活自己的工作，你要去找到自己存在的價值。」

所以我看見朋友在富裕的家庭裡，依舊做著和我一樣的掙扎。

他說，「小時候覺得自己家特別有錢，能夠做很多人都做不到的事，活起來特別囂張，可是努力這件事，讓我看到了那麼多比我好卻比我更加努力的人。自己越努力就越看得到和別人的差距，越感知到差距就越想拚命努力，不甘心一輩子做碌碌無為的人。」

我問北京大妞：「當初為什麼出國呀？」

大妞說：「哎，高三多辛苦啊，每天晚上那麼晚放學，週末還要補課！」

我又問她：「為什麼那年的專業學一半就不學了？」

大妞理直氣壯地說：「清潔客房多難啊，據說十分鐘要搞定一間客房床單被罩的替換，而且還那麼髒！」

我好奇地問她：「那你跑回北京大半年都幹什麼了？」

她心不在焉地說：「啊？就吃飯睡覺在家待著。」

人的一生為什麼要努力？因為最痛苦的事，不是失敗，是我本可以。

我想，這一生，與其抱著「父母的財富足夠我一生揮霍」或者「我老公賺錢很厲害」的心情，不如親自去嘗試下生活的味道，別輕易在苦難面前退縮，這一次學會對自己說「我可以」。

你會發現，努力的意義，並不僅僅是為了金錢和名譽，最重要的是，它讓你認清自己，讓你看見原來自己還有這樣的一面——可以跨越重重的荊棘，可以爆發出巨大的潛能，可以沒有聽從命運的安排，也成了這麼好的人。

二十歲之後，你與減肥不再是幾頓飯的距離

我一直佩服阿曼達的那種毅力，就是被邀去吃很貴的自助餐，面對日本師傅切出刀工精細的生魚片，冰磚上整齊擺放著新鮮生蠔，祕製的牛肉在鐵板上滋滋煎烤，巧克力岩漿從噴泉形象的雕塑上蜿蜒著緩緩流下來，她都能只守著一小碗的蔬菜沙拉，小口啜著綠茶，絲毫不為所動。

可是如果你覺得阿曼達僅僅是靠節制飲食的方式保持她那四十七公斤的身材，那就大錯特錯了。

她那沒有受到上天優待的上下身比例，還有不足一百六十公分的身高，若沒有每天早晨六點鐘起床去健身房打卡的勤奮，很容易就會變成另一個我——那可以完美對折的上下身，每年冬天都會裹上一層新的脂肪，在褪不下去的夏天裡，有的變成刺眼的雙下巴，有的頑強地黏在大腿後，還有的從牛仔褲皮帶勒緊的肚皮兩邊鑽出來。

我和阿曼達做了多年的朋友，如今二十七歲的她已經到了初老的年齡。然而當她穿上比基尼，把墨鏡夾在鼻梁上，頭昂得高高，夾著衝浪板到海邊撒野，連沙灘上十八歲的男孩子

都花痴般地張大了嘴。

她全身勻稱，皮膚緊實，那平坦的小腹和結實的大腿，是虛弱的節食女郎所無法戰勝的健康美麗。可是大概誰也不會想到，五年前的阿曼達，七十公斤，身材肥碩虛弱，一張圓臉四處是痘，是朋友圈中唯一找不到男孩子約會的女生。

那時的阿曼達時常被這樣或那樣的取笑困擾著，有男生在她的身後比劃著她的腰圍，和同伴放肆地歡笑著，也有女生看到她的體型偷偷地別過臉來僥倖笑著「還好自己的小腿沒有那麼粗壯」，也有人看著她試衣服不小心說了一句「胖子穿實在不好看」。

胖似乎奪走了阿曼達享受生活的權利，也掩蓋住了她性格中許多的亮點，她開始意識到，原來善良和聰慧在女生的世界裡，都有一個瘦的前提。

減肥都需要一場刺激，那些網路勵志發文上的勵志女神，從胖女孩的軀殼裡跳出來，都是靠著對嘲諷的仇恨和出人頭地的信念。

當阿曼達對那些不善意的取笑再也忍無可忍時，她在那些胖女孩把鬆垮肚皮變成八塊腹肌的故事的激勵下，決心踏上了健身之路。

第一天出現在健身房的阿曼達，在跑步機上以每小時七點二公里的速度慢跑，肥肉亂顫，姿勢尷尬，八百公尺後就氣喘吁吁地跪下來。誰也沒有相信那樣的她，真的可以在每天清晨六點踏上跑步機揮汗如雨，把健身一小時的習慣，堅持了整整五年。

阿曼達不靠私人教練，就靠自己打持久戰的毅力，在跑步機上開始漫長的減肥之路。起初只能堅持跑五分鐘，剩餘的時間都在走步，後來就可以跑十分鐘、二十分鐘、三十分鐘，再後來隨便跑十幾公里都不是什麼問題。

她的減肥戰略，也從最初的隨意法，延伸到了健身房的每個角落，啞鈴用來練肱二頭肌，拉力器負責胸和手臂，平板支撐幫忙塑造腹肌，深蹲架可以讓大腿腿部肌肉發達緊實，萬能的抗力球針對身體各個部分加強雕塑，羅馬椅用來訓練下背還有髖關節的伸展或屈曲的肌群們……

在減肥這件事上，阿曼達絕不和自己討價還價，跑步累了就去騎自行車，平板支撐快要堅持不住就想想那些嘲諷的聲音。一同健身的胖友們換了一群又一群，健身房也倒閉後又被不同的人接手，還好減肥是一件你願意付出就必定有收穫的事，八個月之後的阿曼達就這樣，昂著頭走過那些嘲笑過她的人身邊，像足了一隻驕傲的孔雀。

彷彿最流行的減肥方法，就是餓。我身邊所有的女生幾乎都有這樣的經歷，就連我也清楚地記得十八歲的那場減肥，多麼簡單。只不過用優格和零食代替一日三餐，整日窩在床上看著電腦，不須做半點消耗體力的運動，就用看一部動漫的時間，瘦成了一張紙片。

這一度讓今後的我對減肥持有幻覺，以為我和它，那一層一層累積著生長的贅肉和完美的八塊腹肌間，只隔著幾頓飯的距離，就和十八歲一樣。

可是真正意識到減肥的困難，是二十歲後。大學裡突然閒下來的生活節奏和墮落街的鴛鴦火鍋，終於在一個冬天讓我變成了六十公斤的大胖子。這暴漲的十幾公斤，我試過用各種方法消除，見效最快的大概就是餓，天寒地凍的天氣裡，不吃不喝地上一整天課，精神無法集中，手腳冰涼，只要看到吃的就自虐地扭過頭，心情也低落到極點。

幾週之後確實瘦了，胃也折騰出了毛病，後來用粥去養，那些肉就又跑回來和我做伴。那時候身邊的朋友，也在用各式各樣殘忍的方式減著肥，有的喝減肥茶喝到腸胃功能紊亂，有的吃減肥藥吃到心悸發抖，有的胡吃海塞之後跑到廁所裡摳著喉嚨嘔吐，也有的和我一樣，就在這飢餓的道路上越來越胖。

後來偶然間看到一篇文章，才知道減肥這件事，還和新陳代謝息息相關。二十幾歲之後，基礎代謝率就會慢慢下降，每年大約會遞減一百卡路里，即使還吃同樣多的食物，身體消耗減少，也會慢慢發胖，尤其對我們這樣長期飢餓或營養不足的人，熱量就消耗得更慢了。

那時候特別流行在微博裡加入不同的小組，我加入了一個減肥勵志的小組，就默默地看群組裡的成員發圖片。

辦公室裡工作的小小上班族，整天坐著對著電腦，就用大腿夾著書，瘦腿塑型；三十幾歲的家庭主婦，故意步行去遠一點的超市買菜，手裡拿著計步器，來回就是十公里的路程；

剛剛念大一的學生，每晚上在四百公尺一圈的操場上快走一個鐘頭；八十四公斤的三十歲胖妞每天花三個小時在健身房。

大家都在減肥裡受過各式各樣的苦，折騰一番就知道節食最不可靠。

減肥是一場考驗毅力的戰爭，就像前一段時間看到的，德國醫學家在考量減掉十公斤要花多少工夫的時候，並沒有說要少吃多少頓飯，而是得出這樣的結果，減肥這道難題量化之後可以變成一個有關時間的毅力問題：一個八十公斤的人減掉十公斤，所需要做的是，騎一百個小時的自行車、走二百六十七個小時的路程、慢跑一百一十個小時、打一百四十六個小時的網球。

後來那個減肥小組，大部分發聲的人，都在幾個月的堅持後有所收穫，這讓我想起阿曼達說過的一句話：「減肥是唯一一件我可以想到的、完全公平的事，只要你有所付出，結果總不會太辜負你。」

我在二十五歲多一點，新陳代謝直線下降，肥肉從腰間調皮地鑽出來，體質卻差到不得了。每當看著鏡子裡這個難看的軀殼，總覺得該為自己做些什麼努力，去符合裡面那個還算可愛的靈魂。

於是終於在前不久的清晨，我也出現在了早上六點的健身房。這個二十四小時隨時都可以刷卡進來的地方，這時候已經有十幾個揮汗如雨的人，舉槓鈴、引體向上、騎自行車、聚精會神做平板支撐……

我跳上跑步機，把MP3裡的歌播到carry on，用每小時七點二公里的速度，立志和減肥做一場決絕的對抗。這個姿勢牽強滿臉通紅的自己，和減肥還有一段很長的距離，可那一定不是幾頓飯的距離，我確定。

Chapter 2

愛的盡頭是成長

女孩，請補償那些對不起自己的日子，重生是一個堅強又優美的動作，你會發現愛自己比愛別人更容易也更值得。

如何打敗前男友

這世界上再大的背叛都不需要什麼殘忍的報復，你所要做的，唯有爭氣。

整理舊物的時候，忽然發現一條褪了色的手鍊沉在箱底，吊墜是指甲般大的藍黑色染色木頭。戴了太久的緣故，磨損嚴重，那上面刻著的「鍾情」兩個字，我幾乎沒有認出來。

這是一條獨一無二的手鍊，來自若干年前山清水秀的鳳凰小鎮。那個藏於弄堂深處的小手工作坊，我至今還看得見那花叢間敞開的精緻木門。那時站在我身邊的人，輕吻了我的眼睛，把一塊溫熱的木頭放在我的手心裡。我從愕然中睜開眼，除了幸福，什麼都看不到。

彼時他是大學裡叱吒風雲的學生會主席，我是時不時逃了課窩在寢室裡吃零食看美劇的普通女生。因為共同參加了戲劇社，才漸漸有了交集。可他依舊是舞台上萬眾矚目的王子，我是公主五個侍從中的一個，只有說「Yes」和「No」的鏡頭。

忘記了是因為什麼，我們竟有了頻繁的接觸。相處的時間久了，就漸漸磨合出了一點依賴和信任。有些化學成分，開始在我們之間催化分解，直至他最終的告白和我毫不矜持的激動。那一刻，他並不知道，在他愛上我之前，我已經不聲不響地愛了他太久。

也許是對前女友愛得太過深刻，我的出現並沒有彌補他感情上的空缺，卻漸漸成為他嘲諷的對象。

他嫌棄我大腿的大小，卻沒看到我為了減肥幾乎餐餐只吃水果；他嘲笑我永遠只在中游的考試成績，卻沒看到我也有為之拚搏奮鬥的夢想；他不滿連續兩次請我到餐廳吃飯，卻沒看到我為了他懷裡那只心愛的錢包，已經花光了半年的積蓄。我們最大的消遣，就是並排坐在自習室裡，我看我的阿嘉莎·克莉絲蒂，他看他的納蘭詞，時不時低吟一句「我是人間惆悵客，知君何事淚縱橫，斷腸聲裡憶平生」，再扭過頭，用居高臨下的眼神看著我，彷彿在說，你懂嗎？

可是大多數時候，我並不怨恨他的殘忍，我只是在自己歡樂的性格裡埋下一粒自卑的種子，嘆它為何結不出完美的果實。

尼采不是說過嗎？男人的幸福是「我要」，女人的幸福是「他要」。我沒有戀愛經驗，沒有什麼潛意識的比較標準。我只是堅信著，只要他的殘忍裡還存在溫情，哪怕只有那麼可憐的一丁點，我就不會以任何原因離開他。

於是我容忍自己發著高燒還依舊強撐著走在冰天雪地中去買藥的日子，也可以接受他從不在公用場合和我拉手擁抱的尷尬，我也甚至默許了他在我面前和不同的女生在即時通訊裡歡暢地曖昧著。因為我腿粗，成績差，不是富二代，又不懂納蘭性德，我自卑地覺得自己不應該擁有那麼好的愛。

畢業後的日子，我們在學校旁邊的公寓裡租下一個十幾平方公尺的小屋，空間狹小得逼仄卻也溫馨。原本以為這會是一場愛的逆轉戰，卻沒想到其實我們的感情，比預料中的還要搖搖欲墜。

起初他決心考研究所，我買來了所有的參考書，還負責伺候一日三餐，包攬下所有家務。每天他所需要做的，只是起床，洗漱，吃飯，高興了看書，不高興了就打開電腦打魔獸，而我清早就要出門，穿著二手西裝和高跟鞋，去和大爺大媽們擠公車，晚上身心疲憊地回到家。渴望一個安慰的擁抱，卻往往一邊準備著晚餐，一邊聽到他的聲音幽幽地傳來，「你今天這身也太沒氣質了。」後來他看到朋友報考了公務員，又開始嚮往每天可以「喝茶水看報紙」的清閒生活，於是高聲闊論地對我講考研究所有多麼的沒有前途，用青春來賭文憑是一件特別虛榮的事情。

我對他所有的夢想都表示無條件的支持，幫他報名查資料，也毫不遲疑地貢獻了全部薪水。可是後來考試結果公布時，錄取名單上沒有出現他的名字，他說那天身體不舒服，時間太短了沒準備充分，考試時候旁邊那個人總咳嗽……再後來，他消沉了一段時間，我勸他回家放鬆放鬆心情。當他回來的時候，我滿心歡喜地向他展示我在小屋裡的新裝飾，只聽見他說，我要出國，已經聯繫好了。

聽到這個唐突的消息，我所有的委屈才真正地迸發出來。我不記得我流下了多少眼淚，只記得他整理了自己的東西就匆匆離開了，並沒有留下什麼告別和解釋。

那年的聖誕節來得特別突兀，彷彿一瞬間街上就擠滿了親親熱熱的情侶。在告白和團聚不斷發生的節日裡，我退掉了房子，一個人收拾行李，不知所從。

他的手機停機許久，我甚至找不到他在哪裡，後來聽朋友說他已經到了英國，開始了一段新鮮的生活。那時的我，抱頭痛哭了三天三夜，才真正地明白，原來這份感情，自始至終都沒有得到他的半點尊重。

從那之後，能夠讓我重新站起來的幾乎是仇恨，我每天拚命在想的事情，就是如何能夠超越他。

從前只奉獻給他的時間和金錢，現在統統歸還給我自己。我白天做一名勤奮努力的小小上班族，對人誠懇耐心，做事踏實認真，主管對我的表現大加讚賞，不久替我加了薪；晚上回家自製健康的水果沙拉，買來瑜伽DVD光碟，對著電視機苦練功力，幾個月後減掉了四公斤，穿進去了心儀已久的鉛筆褲；週末的時候報名了口譯班，和同學們分享學習的經驗苦練英文，結業時聽老師在異國時的經歷羨慕不已，他提議我可以去申請紐西蘭的打工度假簽證。

我規定自己每週看一本勵志書、一部經典英文電影，寫一篇總結性的週記，和欣賞的朋友小聚一次。我的日子，被從前不敢想像的正能量占據著，我在自我充實的道路上忙得不亦樂乎，有的時候，甚至都忘記了去恨他。

我看了好多有關旅行的書籍，開始對異國產生許多憧憬。我申請了簽證，辭掉了工作，用最快的速度踏上了一年的打工度假之旅。

我拋掉舊念頭，一切從社會底層做起，每日刷盤子洗碗端咖啡。我結識了很多新朋友，聽到很多不可思議的故事，知道世上沒有對錯，只有不同。我決心做一些與眾不同的事，毫不手軟地花光半年積蓄重返校園，成為金融專業裡門門都是A的好學生。

我學會了開車，去過了最美的海灘，知道哪裡的西餐最精緻，也習慣用讀書的方式，跨越孤獨這片海洋。

這樣的幾年裡，並不是沒有思念過他的好，可是我決心不再拿真心一次次下賭注。

網路上看過的一個影片裡，一個女孩講述起多年之前，前男友背叛自己的狗血事件，聲音清冷得彷彿在談論別人的故事，她說，這世界上再大的背叛都不需要什麼殘忍的報復，你所要做的，唯有爭氣。

我對生活充滿了鬥志，這鬥志漸漸不再源於仇恨，而是我真的想變成更好的人。我開始覺得每一天都是新鮮的，感情終於被時間晾乾。一個女人對愛情的戰爭，漸漸平息下來，我也終於有機會告訴那些受過傷的傻女孩，請補償那些對不起自己的日子，重生是一個堅強又優美的動作，你會發現愛自己比愛別人更容易也更值得。

而當有一天你終於從那段灰色的日子裡走出來，從此心裡只裝滿關乎夢想的正經事。手機忽然收到他的簡訊，充滿曖昧不堪的要求，那時候的你只須說一句：「不，謝謝，我確信最好的東西，還在前面。」

〃單身是最好的增值時期

這個把生命活成一場盛宴的女人，就成全了我日後的自我拯救。

二十幾歲開始，我漸漸被迫習慣了一個人的時光，彷彿作為一個成年個體，從這個年齡出發，就有了必須要獨自去經營和挑戰的生活，和他人再無牽扯的理由。

於是在那些孤獨的日子裡，我一個人找工作，一個人吃閉門羹，一個人決心辭職，一個人申請簽證，一個人坐十幾個小時的飛機落在南半球，在那裡一個人吃飯、一個人讀書、一個人坐在咖啡館的角落喝熱可可。最慘的是，那一年我和男朋友分了手，生活裡至此少了一個可以分享快樂和幽怨的角色。

我突然發覺身邊怎麼連個一起看電影分享爆米花的人都沒有了。坐在電影院最中間的座位，看一場刺激暴力的槍戰片，３Ｄ眼鏡裡的子彈嗖嗖地射在我身上，我捂著胸口，被一群扭曲在一起的情侶包圍著，一個人暗暗流著淚。

那段身處異國的時期，即便用打工把生活裝滿，每天晚上回到家裡，心裡卻依舊是空空的。身邊沒有了男生的長久陪伴，彷若失去了一種共同探索生活的樂趣，我聽得到生命裡有一扇窗被重重地關上，從此再也不能夠從那裡窺探到外面世界的璀璨和美好。

於是每天晚上十點後，我從打工的餐館回到家，一顆心百無聊賴，趴在床上，打開電腦看兩集柯南，五分鐘更新一次社群網站，這幾乎成為消遣孤獨的必備程序。

可是長久以來，我的精神不規則空虛，生活嚴重缺乏動力，這是一種從心理上散發出的蒼白，比體力上的疲憊更要糟糕。

深夜裡盯著天花板，身體早已睡去，精神上卻清醒無比，呆呆地看窗外投進來的車燈在牆上拉出長長的光影，雙手攬住膝蓋，一邊害怕鬼怪，一邊害怕明天。我聽得到自己失望的聲音，在無邊的黑暗中蔓延，這就是你日復一日的生活嗎？

有一天在網路上更新朋友圈的新鮮事，讀到一篇文章，講的是臺灣文案教母李欣頻，如何用詩歌般的創意文字將誠品書店塑造成為臺北市的文化地標。

她為《誠品閱讀》雜誌做形象廣告，後來就成為廣告專業學生的必修課——「海明威閱讀海，發現生命是一條要花一輩子才會上鉤的魚。梵谷閱讀麥田，發現藝術躲在太陽的背後乘涼。佛洛伊德閱讀夢，發現一條直達潛意識的祕密通道。羅丹閱讀人體，發現哥倫布沒有發現的美麗海岸線。卡繆閱讀卡夫卡，發現真理已經被講完一半。在書與非書之間，我們歡迎各種可能的閱讀者。」

她為誠品舊書拍賣會的文案也受到粉絲的熱烈追捧：「過期的鳳梨罐頭，不過期的食欲；過期的底片，不過期的創作欲；過期的《Play Boy》，不過期的性欲；過期的舊書，不過期的求知欲。」那一年，三十七歲的李欣頻，已經去過三十七個國家，用七年出版二十六本書，堅持一天讀一本書，一天看一部電影。她說：「每天看一本書，一年就能與別人有三百六十五本書的差距。閱讀是一個很棒的感受，召喚另外一個靈魂來跟你對話。這是最大的資產，沒有人可以拿得走……」

這個把生命活成一場盛宴的女人，就成全了我日後的自我拯救。

那時精神上貧瘠不堪的自己，迅速被那種向上的生活方式所吸引。

倚在床頭，披頭散髮，藉著檯燈微弱的燈光，一邊吃洋芋片一邊喝汽水飲料覺得生活無聊透了的我，不禁問自己：距離三十七歲，還有多少日子？到那個時候，我可以成為李欣頻那樣背著大大的雙肩包，用紙筆相機來施展創作欲，滿腦子都是新鮮想法的特立獨行的女人嗎？

我開始意識到，如果只以每天看兩集柯南再緊盯朋友圈更新的態度來生活，我可能在三十七歲時迎來這樣的人生——熬到了柯南大結局，或許也順便看完了《銀魂》和《海賊王》，朋友圈的更新日新月異，只有我被腐蝕在歲月的沉渣裡。

這種關於未來的設想，像是一記耳光，啪的一聲落在我年輕的生命裡。

從前的我，堅信男人是一扇窗，可以帶我領略外面無盡的風光。他們對世界有種無邊的探索欲，天生懂車懂歷史也懂股票，腦袋一轉就知道哪裡有青山綠水的美景，哪裡有精緻可口的西餐，哪裡的電影院有最好的音效，哪裡的酒吧有知名的樂隊駐唱……所以當這扇窗被關上，我的世界彷若失去一柱光，卻忘記我也有生命自備的鋤頭，只要拾起來親自動手，也可以砸掉隔開自己與世界的這層屏障，在單調枯燥的生活裡豎一扇寬敞明亮的落地窗。生活的層次深淺，最終是要依靠自己去決定。

就是在那一年，發覺單身的時光，並沒有想像中那般無聊。雖然失去了兩個人一起嘗試新鮮構造浪漫的快樂，可是如果能夠在生活裡為自己樹立良好上進的目標，在持續不斷的堅持下目睹生活的蒸蒸日上，也是一件踏實美好的事情。

我為自己的人生列出了一張清單，從前戀愛時沒有時間看的書和電影，終於可以用一個人的日子慢慢品味欣賞；從前戀愛時享受美食不知不覺長到身上的贅肉，終於可以有足夠的空閒用跑步去消除；從前戀愛時每到月底總是捉襟見肘的財務狀況，終於可以用大把的時間去好好賺錢去解決；從前戀愛時未曾設想過的未來，終於可以靜下心來和自己來一次認真的對話。

那一年，第一次沉下心來為自己做一次生命的改造，發覺除去愛情，生活中還有那麼多的東西值得自己細細體會。

嚴歌苓筆下辛酸的移民故事，大衛芬奇鏡頭裡的懸疑片，跑步機上持續不斷的慢跑，細細琢磨食譜認真烘焙的巧克力餅乾，都為生命提供了一種熱鬧歡騰的存在形式。單身的這一年，我讀了兩百餘本書，看過九十幾部電影，跑掉一千幾百公里的距離，吃掉很多讓人感動的自製美味，發覺讀書是讓人成長最快的方式，運動提供了靜心思考的途徑，看電影是旅行的最佳替代品，研究美食是女人的另類才情……單身清單上的大多數任務可以被移除，而那些暫時還沒有完成的，就留給更加努力的下一年。

我的精神達到前所未有的活躍程度，回望一條從一個心靈貧瘠的小丫頭，過渡成一個內心寬厚的成年女子的路途，我想我終於可以理解前任，釋懷那年他對我的萬般嫌棄，一個外觀不夠好、內心層次又不太高的女孩，是不配得到好的愛情的。

感性多於理性的女人總是喜歡用經濟學去衡量愛情，把不同品質的男人比作股票，紛紛想扔掉垃圾股，抓牢潛力股，看準績優股，可是在購買股票之前，若想穩賺無賠，是否也該保證自己是個深謀遠慮的智慧股東呢？

幾天前去朋友家做客，朋友正忙著做家務，彎著腰除塵，抬頭時撞到壞掉的微波爐，頓時眼淚止不住地掉下來。我急忙安慰，朋友卻搖搖頭：「不是因為太痛，是因為心情太糟，我怎麼總有做不完的家務，擔憂不完的心事呢……」

我環顧這個小小的家，只不過才經歷一年的時間，角落裡就堆滿雜物，需要清洗的衣服積得老高，天花板上的霉點清晰可見，鍋碗瓢盆堆在水池裡還帶著上一頓的食物殘渣。

我聽著朋友開始數落那個下班後就坐在電腦前打遊戲的懶男人，卻沒忘記那一年失了戀的她，抓住了那個男人順下井底的一根稻草繩，迫不及待地爬出來，是多麼的狼狽。

我抿了抿嘴，不知該說些什麼，卻想起了另一個朋友。

我的另一個朋友，是出了名的有性格。每一次分手，都要有一年的閉門期，她把這稱為一種修行。

這段空檔期，用來清空舊的情緒垃圾，用足夠的時間完善自我，不會把重心再放在愛情上。她會挑一件新鮮的東西去學，插花、日語、舞蹈、高溫瑜伽，又或者來一次靜心的旅行，不管是哪一樣都全身心投入，用新的知識和眼界昇華自我。等到閉門期一過，她再欣然接受男人的邀請，而這下一段的戀情，大多品質要比上一次的好。

她和我說過一句話，聽起來特別理智深刻：「愛情是一件等值交換的事，你不會蠢到在現實中用高價去買一瓶假的香奈兒五號，同樣的，沒有好男人甘願無條件地去愛一個廉價的女人。」

李欣頻也有過類似的話和觀點：「一定有好男人，只是你的視力還沒到看得見的位置。假設好男人在五樓，自己在一樓，可能只看得到地下室的男人，到山頂你就會看到其他山頭，而一直停在山腳下只會看到路邊攤跟垃圾堆。」

你聽說過這樣一個實驗嗎？在一個房間放滿了不同頻率的音叉，如果振動其中一個音叉，另外一個和它振動頻率相同的音叉也會被引動，後來它被延伸為一個理論，多年來被身邊的人不斷證實，一個人的思想、情感都帶有一定的振動頻率，所以會吸引和他振動頻率最相近的人、事、物。

所以，我親愛的小女孩，現在的你或許失了戀、單了身，還在對那段傷心的舊情耿耿於懷，但請收起你的眼淚和失落，因為生活欺騙過我也告訴我，生命是一場公平的賽程，在時光軸的這一端你潛心修行，那一端就一定會有更好的人在等著你，他健康向上、幽默開朗、睿智忠誠，正等著許你一生的好光陰和不辜負。

〃親愛的，沒有什麼比努力賺錢更讓你理直氣壯

女演員馬蘇和桌球王子孔令輝分手的時候，我著實難過了好一陣，希望這是捕風捉影的流言，過不了多久他們就會手牽手出現在鏡頭前禮貌地闢謠。後來，馬蘇坦陳與孔令輝十一年戀情終結，鏡頭前哭著說道「一個人生活很久了……」，我的心也開始跟著流眼淚。

馬蘇的電視劇我沒看過幾部，愛上她純粹是因為幾年前讀到的那段馬家莊故事。那時她還沒有紅成螢幕上這個潑辣機智的小媳婦。一個窮學生和開著保時捷的大滿貫冠軍談戀愛，雖說有平步青雲的富足，可是在對方的優越感面前，自尊心難免有受傷的時候。

一次激烈的爭吵後，馬蘇提著箱子從男朋友住所憤怒離開。她發誓一定要賺得一間自己的房子，不至於讓她在蕭索的夜晚滿街遊蕩。她拚命接戲，只能演小角色，片酬不高，不敢參加同學會，連一瓶蘭蔻也捨不得買，把攢下來的每一分錢，都投入一間公寓的頭期款裡，沒接受男友分毫的救濟。

每天睜開眼睛，就有六百塊錢人民幣的房貸在等著她，沒錢裝修，只能每隔幾個月把一件家具搬回家。等到最終可以入住，馬蘇為了這個房子，整整付出了六年的努力。她在大門

上掛上個牌子，上面就寫著「馬家莊」，這是愛情裡進可攻退可守的根據地，再也不會有人命令她離開。

那是我第一次意識到，一個女人賺錢的決心與能力，可以為自己帶來多麼大的榮耀與尊嚴。這個倔強又自尊的女孩，把那句「沒有什麼比二十幾歲的貧窮更理直氣壯的事」，徹底顛覆成另一番模樣——對於一個女人，沒有什麼比二十幾歲努力賺錢更讓你理直氣壯的事。

現代所處的社會對女孩子的要求不多，知書達理、品行端正、勤儉持家，就是個好女孩了。我們卻不知道：女孩子，在走入殘酷的成人世界後，一定要自力更生，確保銀行戶頭有足夠的餘額，不可對男人產生金錢上完全的依賴。兩個人一旦分開，除了很多很多的愛，還剩餘很多很多的錢，不至於造成精神上和物質上的全面崩盤。

許多單純善良的好女孩，聽信情話中的矢志不渝，甘願待在家洗衣煮飯，不敢讓對方太辛苦，拿著計算機逼問自己，是否還可以再節省一點點。直到分手的那天，那麼好的女孩，拖著箱子無處可去，呆呆地立在人群裡，發現街口那家好吃卻有點小貴的冰淇淋，自從戀愛後再沒給自己買過。

在紐西蘭的第一年，是我二十幾年生命裡經歷過的最顛沛流離的日子。我換過五份工作，多次搬離住所，一直經濟拮据，不敢逛街也不去聚餐，每天靠員工餐填飽肚子，家裡十塊錢煮水壺壞掉也沒捨得再買新的，為的是把攢下的每一筆錢都存進學費的帳戶裡。

在酒吧打工的時候，一個猥瑣的男人出現在吧台，酒精讓他肥膩的身軀蠢蠢欲動，他提出曖昧的要求，願意幫我付掉全部的學費。夜色蒼涼，燈光悽婉，他的大賓士就停在門口，那耀眼的標誌戳進我心裡，那時我只有一個念頭，老娘我一定要有錢。那個畫面，是至今想起，都可以讓我恨恨地馬上跳起來去工作的動力。

那一年我把自己逼得辛苦。

學校放了兩個月的假，身邊的中國留學生只有我沒回家。

最忙的時候打三份工，每天的睡眠只有五個小時。早上天不亮就要爬起來，走四十分鐘去超市打工，穿雪地棉靴，套三雙襪子，圍巾蒙在臉上，在奧克蘭冬日沁骨的溼冷裡走上坡路，整條街只有麥當勞的大M亮著光，那就是黑暗裡為我升起的朝陽。六點下班，跑去中餐館，清理餐桌上的殘羹，拾掇小朋友的鼻涕紙。深夜又出現在空無一人的辦公大樓裡，背著重重的吸塵器，一個人呆呆地站在巨大的落地窗前，望著整個城市的夜景。

連朋友都開著玩笑和我說：「每次覺得累不想去打工的時候，想想你，馬上就來了動力。」

那一年，發現賺錢也可以變成一件十分快樂的事情。

看著銀行帳戶裡的數字一點點往上升，雖然辛苦，但由於心中有目標，所以總有辦法堅持。一起工作的同事，大多到了談婚論嫁的年齡，很喜歡討論男人與錢的話題。我記得一個長相有些妖豔的女孩子，一副經驗老到的口氣，幽幽地和我們講：「男人這東西，都不要臉，你一定要想辦法從他身上得到點錢，離開的時候才不後悔……」

我聽了，不以為然。暗想：你有沒有想過，當你很瀟灑地拿著男朋友的信用卡到處刷的時候，你的男人會不會在另一個地方，吐著煙圈在酒桌上和他的兄弟講，女人這東西，都不要臉，每個人都想從我身上詐點錢……

我不否認有錢的好處，但我並不羨慕那些挽著男朋友胳膊，去LV專賣店拿最新款包包的女生，也不會對男朋友撒個嬌就能買輛福斯金龜車的女孩們感嘆命運不公，更不會因為一個男人錢途無限好就拚命接近示好。

我愛錢，愛的是那種來路清白、乾乾淨淨的鈔票，帶有一點踏實的辛苦味道，可以讓我在和男人約會的時候，一把搶過帳單瀟灑地說「我來付」；可以讓我在傷心難過的時候，去最貴的餐館大吃一頓，不必對著菜單上的價格斤斤計較；也可以讓我在失戀後，依舊住得起兩房一廳的房子，把車庫改造成夢想中的工作室……

這是我賺來的闊綽，也是用努力贏得的一份尊嚴與自由，不必讓我在愛情裡低頭，我也不會因為失去愛情而失去自我。

張嘉佳講過一個故事，他在電視節目工作的時候，問一個女編導：「男人有一千萬，給你一百萬，或者男人有十萬，給你十萬，哪個更重要？」女編導不假思索地說，「一百萬」，認真想了一夜後，又說「十萬」。

「無論一百萬還是十萬，都不如自己賺的那一萬。有了那一萬，就不用再想那一夜。」

張嘉佳最後這樣說。

我親愛的好女孩，錢包一定要是自己的，請你千萬記得這句話。

一對貧賤的夫妻，能夠過上的最好的生活是怎樣的

閨密畢業後和異地戀四年的男友在家鄉會合，各自找到一份工作，終於可以定居下來，好好補償那些錯過的遺憾時光。

兩個人租下的第一個房間，位於地區偏僻的城市邊緣。同一個屋簷遮著很多人的生活，狹小逼仄的房間格局，複雜的人肉氣息，每晚需要搶占的煮飯時間，骯髒的公用廁所和浴室，硬是把他們逼進城中心不遠處一房一廳的獨立出租屋。因為租金便宜，房間冬天陰冷潮溼，夏天悶熱難耐，電熱毯和電風扇都是需要小心算計的支出，屋內的擺設看起來陳舊簡陋。

年久失修的水龍頭總是發生大大小小的毛病，在一個悶熱的傍晚突然爆裂開，閨密打電話給房東詢問總開關，卻得到一句態度惡劣的因應：「沒有總開關！你們年輕人到底在吵鬧什麼！」兩個人掃水掃到下半夜，第二天還要趕著早班車強忍著瞌睡去上班。

後來兩個人的薪水上漲，可以支付得起一間稍好一點的一房一廳。搬進去住的第一晚，朋友向我發來微信，聲音虛弱，聽著讓人心酸：「你知道我現在最想要什麼嗎？我想要一張

好一點的床墊，能夠舒舒服服地躺上去，睡個好覺……」彼時，我正在吃著晚餐，無比悽涼地回應道：「你知道我想要什麼嗎？我特別想要一張餐桌，可以有舒服的座椅，容我把飯菜整整齊齊地擺在上面，不至於像現在這樣，吃飯要把東西放在地毯上，身子半彎下去，把膝蓋當桌子，抱枕當椅子，連個靠背都沒有……」

我和彼得最初在一起，就是完成了兩個窮光蛋的浪漫幻想。熱戀時的激情一過，生活裡的瑣事就齜牙咧嘴地顯露出真正的面目了。

我們租住的地方，如果你不仔細在這張資本主義發達國家的地圖上搜尋，很難發現它。這裡的街頭巷尾到處都是腐壞變質的小房子，四處是沒有技術的外來移民，找不到工作，也不太甘願付出努力，男人靠在路上拿劣質刷子替停在紅燈前的車輛洗車窗討錢，女人靠一年生一個孩子拿政府的福利。孩子們滾在草地上，和流浪貓狗幹架，流著鼻涕赤著腳，你稍稍大意著從他們身邊走過，下一秒他們就拿著你的真皮錢包到附近的典當行換錢。

這裡到處有人大搖大擺地橫穿馬路，讓驚慌的司機猛踩剎車按響喇叭，受著驚嚇看著車窗外的人豎起髒兮兮的中指。

我們的隔壁住著英勇的警察，休息日和朋友出門，回家後發現家中失竊，連那套威武的警服也失蹤不見。像這樣的盜竊，發生在這個區域的次數太多了，政府和人民都對此習以為常，任它自生自滅。

這種惡劣的環境對我們的生活，造成了很大的威脅。所以我和彼得，一邊小心翼翼地享用著廉價的房租，一邊疑神疑鬼，在深夜裡的任何一點細碎聲音中醒來。每次出門都要把收音機開得震天響，以此向那些虎視眈眈的小偷們證明，這是一戶常年有人在家的民居，住戶熱衷於囂張粗暴的龐克音樂，不要輕舉妄動，說不定是自己人。

除此之外，我們在別的物質方面也很匱乏。整間房子裡沒有什麼像樣的家具，各個年代的款式和刺眼的色彩混搭，地毯是房東留下來的廉價貨，冰箱有一半時間不在製冷狀態，新鮮的肉和牛奶放不過三天，連冰淇淋也無法保存。洗衣機是別處買來的二手貨，卻是最值得信任的家用電器。我們常常買幾塊錢的炸薯條當晚餐，櫃子裡放著成堆的泡麵和罐頭，出門吃一頓大餐要等待和算計好久好久。

有時候兩個人在一起嘆氣，天哪，怎麼能這麼窮呢？明明都是勤奮的上班族，賺一份普通的薪水，連一點奢侈的消費都沒有，可是距離下一次發薪水還剩餘三天時，身上的硬幣紙幣嘩啦嘩啦地掏個乾淨，再加上銀行戶頭的餘額，全部生活費只剩餘三十多塊，而我們的油箱和胃口乾涸，都正等著一場酣暢的澆灌。

我們沒有住房，每週要上繳昂貴的租金；我們為別人打工，每一次失業都是沉重的打擊；我們開隨時出小毛病的車，每一次故障都是銀行戶頭的致命傷……更別提看病或罰單這些意外來襲的事情了，每一件都像是一場戰爭，錢少的時候連心裡都要病上一場。

我們想不通，上天為何讓相愛的人如此貧困，可是想著想著也想通了。現實是複雜而殘酷的，愛情和金錢是沒有一點關係的。

相比惡劣的外界居住環境，我們房間內的環境還是不差的。我們的想法很多，雖然鈔票稀少，實現浪漫情懷的機會十分有限，但我們還是精心把一條叫作「鬼佬」的白色金魚養得健康活潑；把一個巨型的魚形風箏掛在牆壁上，把截成一條條的綠色彩紙，釘在牆壁上當作飄揚的海藻。

我們修剪後院的檸檬樹，把健康的果實，做成新鮮的果汁；又撿來一個廢棄的冰箱，填滿泥土，種上菠菜和青花菜。家裡買來的地瓜放得太久，冒出新芽，我們不甘浪費，把它丟進泥土裡，看它結出一片片綠秧子，土地裡埋著粗壯的果實。

很多時候沒有錢，但我們的日子過得卻並不無聊。週末清早起床去爬山，趁著天氣尚好人煙稀少，把山頂的美景拍到周全。有時我們也去海邊釣魚，順便帶著野餐籃，大多數時候釣一整天也沒有收穫，我們就把籃子裡的啤酒和三明治吃個精光，很慶幸我們都有幾塊錢就能填飽的好胃口。

我們在傍晚的客廳裡放上一九八〇年代的經典音樂，擺上兩塊錢一打的蠟燭，天黑下來，忽明忽暗的光亮閃著一百萬的好情懷。好多個晚上我們躺在床上，聊著吹牛不繳稅的話題，什麼去希臘的豪華遊輪在打折啦，哪兒哪兒的地皮要升值啦，幾千萬的彩券花落誰家啦，有時候還沒說完一句話，人就沉沉地睡去了，臉上還帶著白日夢的笑容。

大多數時候，我們都是貧窮而相愛的情侶，共用一份幸福的人生。但是有很多靜下心的時刻，我還是希望我們可以變得富有，銀行戶頭裡能夠有好多好多的錢，我親自把厚重踏實的鈔票，一落落地捆起來，去支付很多不要臉的白日夢。

因為缺錢，我和彼得發生過爭吵，不害臊地講，是好多好多次爭吵。我擔心家中的電費付不起，斥責他不負責任的超速罰單，可是回過頭又一想，彼得在燥熱的工作環境裡爭取加班，為給我買一件禮物放棄了昂貴的飛行愛好；在我為了錢憤怒到幾乎猙獰的時候，抱歉地攬住我的肩膀：「對不起，親愛的，讓你失望了。」我想，很多時候，愛情就是一劑鎮靜劑，讓我自始至終從未懷疑過生活一定會越來越好。而事實上，我和彼得也真的一點一點地好起來了。

漸漸地，我們付掉信用卡所有提前的支出，把家中的家具和電器更換成品質可靠的。我為自己添置一些喜歡到不行的小首飾，容彼得一個月飛一次小型直升機。開始奢侈地把油箱加滿，而不是吝嗇地只加上二十塊；也敢用一瓶好酒慶祝一個普通的日子，再不用擔心明天會為此餓肚子。

而當我們可以奢侈地吃一頓西餐，再多喝幾杯啤酒的那個晚上，我和彼得的眼淚像斷線的珠子一樣砸在精緻的盤子面前。他紅著眼睛對我道歉，不停地說著「好好的一個女孩，跟著我受苦了」。我一邊哭他的良心，一邊在心裡飛快地算計著，這晚餐其實可以省下來，給彼得換一條好一點的牛仔褲。

幾天前讀到三毛和荷西的一段對話，居然哭了出來。

荷西：「你是不是一定要嫁個有錢人？」

三毛：「如果我不愛他，他是百萬富翁我也不嫁；如果我愛他，他是千萬富翁我也嫁。」

荷西：「……說來說去你還是要嫁有錢人。」

三毛：「也有例外的時候。」

荷西：「如果跟我呢？」

三毛：「那只要吃得飽的錢也算了。」

荷西思索了一下：「你吃得多嗎？」

三毛十分小心地回答：「不多，不多，以後還可以少吃點。」

一對貧賤的夫妻，能夠過上的最好的生活是，你愛他，他愛你，貧窮卻相愛著，是這人生裡比金錢更深刻的富有。我無法確保每一對相愛著的貧賤夫妻都能過上衣食無憂的好生活，我只是知道，哪怕一段婚姻裡，窮得只剩餘了愛情，別怕，那也是能當「飯」吃的。

〃和一個視野開闊的人談戀愛很重要

失去聯絡多年的朋友，在即時通訊軟體上出現，地理位置顯示在澳洲，我在螢幕這端驚呼，看那一端連續發來的驚嘆號。兩個十幾歲相識的玩伴，成長為今日奔三的女人，花費掉幾乎一整天的時間，才彌補上失聯後各自生活的片段。我們在彼此的故事裡興奮尖叫也流淚嘆氣，她忽然拋來一個嬌羞的媚眼：「想不想聽聽我這幾年的感情經歷？」我點點頭，發給她一個八卦的神色。

朋友的第一段戀情發生在校園裡，那時她二十歲。兩個主修不同科系的年輕人，在自習室裡謙讓一個座位，「只是因為在人群中多看了你一眼」，彼此都認定這是一段注定的姻緣。

校園戀情不需要什麼複雜的元素，自習室肩並肩的陪伴，食堂裡分享一頓晚餐，深夜裡的晚安簡訊，週末手牽手地壓馬路，都足以成就一段簡單的感情。

可是，漸漸的，朋友發現男朋友身上一些奇怪的行為。比如，當自己為了減肥過午不食，晚上在自習室肚子餓得咕咕叫時，男朋友會強行把她拖到食堂裡叫一份豐盛的蓋飯。起先朋友十分感動，卻看到男朋友在結帳的時候後退一步，一邊看她在包裡慌忙翻找錢包，一邊和食堂阿姨解釋：「不是給我吃的……」又比如，每次和哥兒們聚餐後，男朋友都要喜滋滋地和她講：「真好，又是某某某搶著買的單……」甚至連兩個人一起上館子改善伙食的時候，男朋友都不忘提醒她：「上回是我結的帳，這回……」

除了對自己的錢包有著絕對的謹慎，男朋友在生活中也有著固執且偏激的見解。每當看到有男生開著賓士BMW出現在校園裡時，就認定「絕對是靠爸一族」，聽說女生在知名企業得到一份實習工作，就妄加猜測「一定有乾爹相助」，同時也常常把自己這份平凡的家世當作若干失敗的藉口：「沒辦法，再努力也只能是窮人的命！」

但這些並不能阻止朋友選擇在畢業後和他留在同一個城市奮鬥，她相信愛情可以克服一切缺陷，可同居生活很快就給她帶來了巨大的改變。朋友不再定期去書店買雜誌和小說，因為男朋友說：「書那麼貴，在網路上看不是一樣嘛？」她也不再更新在網路上寫了三年的部落格，因為男朋友看了兩眼就失去興趣：「你那些無病呻吟的文章有誰會去看？」她不再建議週末去電影院看3D大片，不再期待為年假計劃一次旅行，不再關心哪個文藝青年的小說在熱賣，甚至不再出席和閨密們每週一次的下午茶，而是徹底融進庸碌的人群中，專心做一個只關心一日三餐和生活瑣事的女孩。

畢業兩年後，朋友去參加同學聚會，驚訝地發現昔日裡被自己埋怨老土的男生，都和艾菲爾鐵塔合了影，聽著女生間討論著某個作家的新書和專欄，她這個當年的才女竟對此一無所知。

餐桌上有人談論當晚的菜系，有人談國外經歷，有人討論投資理財，有人問她：「這兩年都在忙什麼啦？」她苦笑，不知所云，對著面前的螃蟹乾瞪眼。

朋友回家後默默翻出銀行存摺，兩萬塊人民幣是自己全部的積蓄，她封存了許久的旅行夢在心底蠢蠢欲動，推了推電視前的男朋友：「我們去旅行一次吧，就去東南亞，窮遊也可以見識一下這個世界！」她的男朋友扭過頭，推了推眼鏡，義正詞嚴地說：「對不起，我還是比較喜歡踏踏實實過日子的女孩子。」

朋友花一個晚上收拾行李，把出租屋裡和自己有關的每一件東西都塞進了垃圾桶。她徹底和過去斬斷聯繫，刪除男朋友所有聯絡方式，辭掉那份永遠沒有升遷機會的工作，緊握一本兩萬塊人民幣的銀行存摺，想補給自己一個遲到的空檔年（Gap Year）。

可是夢想總是比現實來得浪漫簡單，當她真正開始為一整年的旅行做計劃時，卻發現自己原來沒有那麼勇敢，各種從未經手的問題都擺在了眼前，去國內遊還是國外遊？國外遊簽證怎麼辦？去哪個國家？不會說外語怎麼行？要是兩萬塊人民幣花光了該怎麼活下去？回來後還能不能找到工作？

朋友面對一堆問題毫無頭緒，正巧看到社區口貼著週末英文學習班的廣告，頭腦一熱就報了名，沒想到就在那裡遇見了下一段愛情。這一次的男生，是扔進人堆裡就翻不出來的那一類，外表實在平凡，可是當他作為年輕的英文老師，站在講台上把自己的人生信念分享給同學時，又是那麼的魅力非凡。

朋友發了個狂笑的表情貼圖：「那是我第一次意識到，一個男人的內心，可以彌補外表所有的不足。」

班上的同學來自社會上的各行各業，年齡差異懸殊，卻都被年輕教師廣闊的知識面所征服，兩個鐘頭的課時常常要延長到整個上午。這個幽默風趣的男人，平日裡在一家公司做翻譯，週末到補習班做英文老師，人生經歷廣闊豐富，在西藏和牧民騎馬，在印度冥想過七日，在澳洲的果園裡摘果子，在德國一路搭車一路旅行……

他為初學英文的同學介紹電影和書籍，他的出租屋就成為讀書會和電影會的固定場所。朋友第一次去男生租的單人房裡，就被他龐大的藏書量震驚了，她一本一本地瞄過去，古今中外的經典，厚厚的攝影雜誌、旅行指南……

這並不是一個寬裕的房間，可是空間雖然狹小卻處處都乾淨整潔，牆壁上貼滿旅行照片和人生計劃，桌面上擺著嬌豔的小菊花……那一刻，她愛上他，因為他的生活就是她的夢想。

後來他們在一起，生活處處都有未曾體驗過的驚喜。

朋友說：「就是他幫我一點點重塑了生活中的熱情和夢想。兩個人依舊是不富裕的，可是還會從收入裡抽出一部分定期買書，回家後一同寫書評，雖然也會為了省錢在家看電影，但看的電影再不是什麼票房大片，而是經典的老電影。我恢復了部落格，他幫著篩選出好的文章投稿給出版社，偶爾還能得來一筆小小的收入。

「後來，他建議我忘掉空檔年的想法，去找一份正職工作，閒暇時寫寫稿子，把其餘的收入攢起來，我們就用這樣一筆筆積少成多的錢，走過了好多地方，而當我因為努力工作，終於攢夠了一筆小小的資金，而定期給雜誌社寫稿也不必讓我發愁失去生活來源時，我才開始了我的空檔年……」

我非常羨慕朋友遊歷各國的經歷，不禁問她：「就是這個英文老師帶你去的澳洲嗎？你們現在的生活一定非常幸福吧！」朋友回覆：「我是獨自出門旅行的，我們早就不在一起了啦！」沉默幾許，說：「但是他給我留下來很多很多正面的影響，還在一直發揮效用。」

朋友在網路上把她的愛情故事仔細地講給我聽，聽起來卻更像是戀愛中美好的自我升值過程。

我忽然想起讀書時她是個多麼膽怯而沒有主意的小女孩，大家都在暢想成為「大人物」的時候，她卻在現實裡優柔寡斷，沒什麼提神的夢想和抱負。而如今當年一同玩耍的小女孩，大多嫁作人婦、過上平淡的日子，她卻成為這樣一個敢於獨自闖蕩的女孩子。這樣的改變，經歷了十年的光景，人常說時間可以改變一個人，其實改變一個人的，或許是我們在時光裡所遇見的各式愛情。

你遇見一段眼界狹窄的愛情，就如跌落進只能看到頭頂一塊天空的深井裡，而你收穫一段視野開闊的愛情，它就為你提供了一雙翅膀，讓你飛出井底的荒蕪。

在心理學上，有一種效應叫「變色龍效應」，說的是我們很容易去模仿別人，越是親密的人，我們越容易模仿，夫妻間相互模仿，動作神情以及氣質也會越來越相似。

我們常常會羨慕一對相愛的情侶在容貌上相似，竟如同出自一個家庭，卻往往忽略了，在一段愛情中作為彼此最重要的生活夥伴，情侶所各自堅持的價值觀也會漸漸趨於一致。一個人的言行、思維、眼界、觀念，都會和單身的時候有著巨大的差別。

這也就是為什麼我們看著身邊戀愛後的朋友驚呼，天哪，他或她怎麼像變了一個人！愛可以改造一個人，也足以毀掉一個人。

我讀書時結交的男性朋友，經歷過多年的單身生活，終於牽手一個美貌的女孩。他把女孩介紹給我，我在臉書上加她為好友，卻看到滿滿負面的貼文。

女生覺得自己英文不好決心努力學習，卻說「好睏啊我要睡覺，不學習了」；女孩把減肥當作唯一的事業，頻頻發表「發現我真是吃飽了沒事做，每次都要吃胖了再減」；有時女孩也會把自己的小脾氣毫無遮掩地顯示在網路上，「你把我噁心到了，再也不打電話給你了，氣死我了。」後來和男生聊天時，他說到自己不再去徒步和旅行，因為女朋友說，才不要一身臭汗，曬到皮膚黝黑；也不再去博物館看各種大型的展覽，因為女朋友抱怨，太無聊了，不如在家看電視劇。他說最近十分苦悶，想要申請移民，只能獨自研究資料，女孩卻完全幫不上忙，既不會英文，也沒有習得一份技能，這些年在國外的時間全部白白度過。我在電話這端不語，深深為那個逝去的他默哀。

費爾巴哈說，愛就是成就一個人。可是我想，好的愛情才可以成就一個人，壞的愛情，令人從敏銳變得愚鈍，從勇敢變得唯唯諾諾，從積極變得墮落，甚至毀掉一個人成為更好存在的潛質。

相關科學報告顯示，愛情其實是身體裡一系列化學反應，就是這些化學反應讓我們常常愛得無法自拔，不顧他或她是英雄還是惡霸，非她不娶或非他不嫁。可是在多巴胺發揮作用時，請給自己足夠的理智，去判斷眼前的這個人，到底是一個喜歡週末窩在家裡沙發上看一整天電視的人，還是對新鮮事物滿懷好奇，願意和你一起探索生命的人？

人生是漫長的修煉，伴侶是最重要的同伴和導師。和一個視野開闊的人在一起，生命中會有很多精彩的發現，而如果此時的你沒能擁有這樣的愛情，也別急著甩掉身邊的那個人，每一段愛情都值得尊重，至少你還有選擇成為一個視野開闊的人的機會。

人生太短暫，相愛須謹慎。

〃世上沒有灰姑娘

只要有一心一意的努力，就一定會有蒸蒸日上的未來。

朋友夜裡打電話給我，邊哭邊說：「我和老公吵架了，十五分鐘後到你那兒，今晚就住在你家裡。」我趕忙說好。擱下電話，從被窩裡鑽出來，像個無怨無悔的小媳婦，準備睡衣拖鞋和被褥，溫好牛奶拿出零食，坐在客廳的地板上，看著時鐘指向十二點，默默等待她敲門。

朋友自從嫁給富有的農場主人，我的出租屋幾乎就變成了她的第二個家，常年備好了她的洗漱用具和行動電源。幾乎每一次激烈的家庭爭吵，都要演變成朋友的離家出走，我已經習慣在深夜裡被電話鈴聲驚醒，睡眼迷離地聽她埋怨丈夫的觀念保守陳舊，連別的男人瞧她一眼也要爭執不休，然而幾天後，她必定主動打電話回家，訕訕地問電話那端：「一切還好吧？我要回家了……」

那邊的男人不慍不火地答句「好」，朋友就火速發動車子離開。我看著那個急匆匆來不及和我告別的背影，心想她或許在惦念那奢華的莊園、貴重的衣物和首飾吧。

在所有的朋友中，我只出席過她的婚禮，至今還記得在牧師的祝福下，她是多麼快樂的灰姑娘，終於逃離困窘的處境，嫁給還算俊朗的老王子，至此迎來一場衣食無憂的人生。雖然聽說他們簽有協定，老王子的全部財產均為婚前財產，但這不妨礙她大方地享受使用權。

我去參觀過一次老王子的豪宅，山頂唯一一棟，家具奢華，品味高雅，窗外醉人的風光盡收眼底，我大概可以明白朋友為何不曾留戀和我擠在出租房裡的日子了。

那一年我們一同讀書，都是丟在人堆裡就找不到的平凡留學生。在網路上找最便宜的合租房，寧願每天走長長的路去學校，吃不起太好的東西，口袋裡總是裝著大把的速食優惠券，能吃五塊錢的披薩，就絕不吃八塊錢的漢堡套餐。日子過得太苦了，櫃子裡全是泡麵和罐頭，連洗衣粉都要計劃著用，省下的每一分都關係到明天，誰也不敢在錢上有半點粗心大意。

我身邊的留學生，八成都是把LV、Gucci、海洋拉娜當作普通消費，又把美甲美容泡溫泉當作平凡生活的女孩，和她們相比，我覺得我哪裡是灰姑娘，我簡直就是個黑姑娘，黑到要打三份工才繳得起學費過得起生活，黑到推掉所有的聚餐和約會，黑到一年四季只有一雙鞋，穿裙子都配著磨薄了底的New Balance，黑到老闆欠了我一百七十五塊的工錢，我討薪無果，一個人走在回家的路上，急得發高燒，傷心得哇哇大哭無所顧忌。

那一年我們多麼辛苦，我把作家姜淑梅的話貼在牆壁上。這個六十歲開始學寫字的老太太在寫艱辛的大半生回憶錄時，頗有感慨地問三個兒子：「人啥時候最有勁？」一個說胖一點的時候最有勁，一個說三十歲的時候最有勁，一個說吃飽的時候最有勁，老人搖搖頭：「人窮的時候最有勁。」

後來我和朋友畢業。在咖啡館打工的她，邂逅了老王子，幾個月之後從出租屋搬走。我一個人支付不起高昂的房租，又開始四處尋找便宜的住房。朋友過意不去，她一直把我當作最知心的朋友，不忍看我顛沛流離，於是熱心地把很多富幾代陸陸續續介紹給我，又對我進行一番苦口婆心的說教，「嫁人是第二次投胎，你自己要掂量好。」

別急著罵我清高，我還真的去見了其中一個，可是當時我想的不是「太好了，我就要脫貧致富了」，而是特別好奇「有錢人都活成什麼樣子」。

那是一場特別失望的相親，我真的沒有想到，那個或許有個幾百萬的小伙子，生活的開心指數還遠不及存款只有兩位數的我。他的日子裡只有遊戲、睡覺、泡夜店，剩餘的時間都用來迷茫。可是我還是卑鄙地猶豫了一秒鐘，在心底幻想了一下未來的日子，當我看到悠閒的自己躺在陽台的藤椅上，翻看一本意義深刻的書，而我的丈夫正在電腦前專注地打遊戲，根本不知道渡邊淳一何許人也，我的念想戛然而止。

我想我寧願在出租屋裡，把清貧的小日子過得有滋有味，也不願守著多金的少爺雞同鴨講。我相信生活是公平厚道的，只要有一心一意的努力，就一定會有蒸蒸日上的未來。

那些日子我有空就會去海邊散步，釋放壓力。每次路過海景豪宅，從寬敞的落地窗裡窺探見一小塊天地，便足以領略到其中的奢華和高雅，但我從未想知道那裡住著什麼樣的男人？是否單身？有無婚史？每一次慢慢走過那兒，海風吹在臉上，沙灘上的貝殼泛著光，我都會對自己講，加把勁，總有一天你會依靠自己的努力，住在同樣的風景裡。

後來，朋友不再給我介紹男人，我開始參與調停她和她男人之間的爭吵。歸根究柢，這是一個想用青春交換金錢的女人和一個想用金錢收買愛情的男人無法達成共識的交易。我不禁感慨，女人愛錢，從一種現象成為一種常態的是打什麼時候開始的？如果一段婚姻，最初以愛情為基礎，之後的人生是不是會容易許多？

我從小就聽人說，一個女人投胎不好不要緊，改變命運還有兩種方式，嫁人或者自我奮鬥。其中自我奮鬥，在這個浮躁的社會裡，被當作最笨的選項。它像中藥一般，在治療貧窮這個病症上，療程長，見效慢，還不保證一定能夠醫得好。

天真的我們，從小就聽著灰姑娘的童話長大，相信就算出於貧窮的家庭，整日洗衣做飯飽受繼母的刁難，也總有一天可以乘著南瓜馬車，去參加王子的舞會和他一見鍾情，從此過上幸福快樂的生活。

成年之後，我們又熱衷於韓劇的劇情，貧窮人家的好女孩，就算患上疑難雜症病入膏肓，只要憑藉心地善良，也能邂逅桀驁不馴的富有少爺，甘願把家產交給你保管，也甘願被你馴服；或者走在街上橫穿馬路糊裡糊塗地被撞倒，也會有俊朗的司機抱起你飛奔去醫院，而且他恰巧愛上了你，也恰巧是腰纏萬貫的單身男。

於是真的到了談婚論嫁的年齡，聽多了浪漫故事的女孩們，第一個心理慣性拋出的期待便是「要有錢」，不管他頭髮是否稀疏，情史是否複雜。只要有甜言蜜語和鑽石鮮花，大多還是願意和他發生一些關聯的。

這是一個慌張的時代，錢成為男人的雄性激素，也成為女人的興奮劑。不幸的是，社會上令人迷惑的因素太多，感情就變成了快速消費品，很容易變質淘汰，而當一個女人不再相信天長地久的愛情，她自然習慣地把男人的錢當作安全感，希望就算終於有一天分開，一隻手鬆開了薄情的男人，另一隻還可以握緊厚厚的人民幣。

在第N次離家出走後，坐在我床頭披頭散髮的朋友，忽然苦笑道：「天天吵，說到底就是不愛，這是圖什麼呢？不就是為了兩個臭錢，想過上好一點的生活？現在怎麼覺得連生活都過沒了？」她無奈地搖頭，美麗的臉龐帶著萬分憔悴，看著我，眼裡有些我讀不懂的哀愁：「其實我還是挺懷念和你一起租房的日子，像是姐妹一樣相依為命，覺得只要努力，日子根本沒有過不好的。」

我想起一件事：一天我開著車，路過有名的富人區，忽然從拐角衝出一輛保時捷，差點撞上我的車身。我最討厭危險駕駛的人，氣憤地按響喇叭，才發現保時捷的駕駛座，坐著一個混血的英俊青年，嘴角帶著一抹壞笑，就停在那裡頑皮地和我僵持著。我的氣忽然消了大半，臉頰發燒，那一刻甚至可以感覺到心臟跳動的聲響，只見對面的英俊青年，隔著玻璃，藍眼睛看進我的心裡，忽然給了我一個醉人的微笑，然後緩緩地，緩緩地，豎起了中指。

我看著保時捷加速逃開，不禁大笑，笑得都感覺到車身的震動。原來格林兄弟騙了我，世上沒有灰姑娘，童話裡窮女孩撞上富小子墜入愛河的鏡頭，現實裡的那一版很殘酷。

可是那又怎麼樣，我還年輕，路還很長，一個女孩若能夠依靠自己的一雙手努力改變糟糕的命運，這不也是成人童話裡一個幸福美好的篇章嗎？

〃不是所有善良的人，在愛情裡都是好人

你可以把善良當作加分，但它絕不是評判一個戀人是否合格的標準。

二十歲的女孩就坐在我對面，委屈地扁著嘴，不管不顧餐廳裡的其他人，紅著眼睛情緒失控地對我講：「當初為什麼和他在一起，不就是因為覺得他是個好人，善良到連螞蟻都不忍掐死一個，還能對我壞到哪兒去？可是現在呢，才不到半年，他就整天窩在寢室裡打遊戲，我每天要去給他送飯，星期五要為他洗衣服，只要一個電話，我就必須隨叫隨到。可我不舒服，發燒到四十度，飯都吃不下一口，連起床的力氣都沒有，他怎麼連一個電話都不肯打給我？我就跟他抱怨了幾句，他就大吵大嚷『看不慣就分手』，為什麼，這是為什麼呀……」

面前的咖啡從溫熱放到冰冷，女孩的眼淚吧嗒吧嗒地滴在杯子裡，泡沫漾起微小的漣漪，那一定是苦澀的味道。

親愛的女孩，我坐在這裡，看著你這張不需要護膚品保養就白嫩光潔的臉蛋，掛著彎彎

曲曲的淚痕，心情並不好受。你讓我想起自己的二十歲，那時的我和你一樣的單純無瑕，用一股飛蛾撲火的信念去愛一個人，覺得所有善良的人，在愛情裡都會是好人，值得我不計回報地犧牲與付出。

我二十歲時迷戀的男生，特別喜歡孩子和狗。那種遇見小孩子就要停下來抱一抱塞塊糖在孩子軟軟手心裡，還有特意買幾根香腸去校門口餵流浪狗的細膩，是我瞬間就愛上的善良。

他為人彬彬有禮，是肯用功讀書的好學生，又謀一份學生會差事，做得有條有序。更重要的是，和那些有個芝麻官就覺得可以指揮一切的人不同，他舉辦的每一次活動，都對新進成員照顧有加，不忍看到有人掉隊，凡事親力親為，是深夜有人打電話請教問題都不會敷衍的好脾氣。所以女孩們總是湊在一起八卦著：「誰要是和這麼好的人在一起，一定會超級幸福的吧……」

可就是這個善良的大男孩，在和我牽手的半年後，每次去超市都把手推車和購物袋交給我，在我生病時讓我一個人冒著風雪天去醫院打點滴，吵架時把不識路的我扔在陌生的街邊徑直走開還關了手機。

在一次聚會之後，我和他走在散場的人群中，十公分的高跟鞋讓我的雙腳備受折磨，笨拙緩慢地挪動，他嫌棄得都不願牽著我的手，就那樣自顧自地走在前面。我哭喪著臉，追著前面那個彷彿永遠也趕不上的背影。這一幕，直到可以穿著高跟鞋跑去抓賊的今天，我還是沒法釋懷。

親愛的女孩，就像今天的你一樣，當時我一個人悶在被子裡，幾乎嗚嗚咽咽了一整個晚上。眼睛紅腫，喘息不順，心裡裝滿對愛情的問號：「那個善良的人哪兒去了？」我的手機，一直沒有響起，我就緊握著它睡去，直到淚痕蒸發乾淨，手心裡的震動讓我馬上睜開眼，螢幕上乾淨俐落的「分手吧」，讓我幾天前還在構築的和他在一起的未來崩潰瓦解。

二十天後，那個善良的男孩，那個可以在同學聚會上用自己不多的錢，慷慨地付掉全部帳單的男孩，那個拿著班級的鑰匙每天早上都準時起早開門的男孩，那個遇到朋友求助會隨時兩肋插刀的男孩，就在校園裡招搖地牽起另一個女生的手。我的心徹底冰涼，一個對流浪狗都可以用盡溫柔的人，竟然不肯分給我一點點的憐惜。

那時候大家都在議論這段瞬間就「老死不相往來」的分手，迎面走來的女孩，目光裡都暗藏一種意味深長的竊喜。我猜得到那些三兩個人聚在一起迴避我竊竊私語的內容，大概會是「那麼善良的學長，都鬧到分手的地步，一定是她不好……」

許久的以後，我又經歷了幾段感情，從那些長相乾乾淨淨做人又光明磊落的男人身上，我總是期望可以得到好一點的愛情。可是經歷之後才發現，原來肯為你拎包開車門連天氣都要每天囑咐的男孩子，會在即時通訊上和別的美眉調情；原來每週末都去福利院做義工的男孩子，會對一段感情說盡謊話；原來孝順父母慷慨磊落的男孩子，竟然會為「更好的人」和你分了手……

我一意孤行地認為一段好的愛情，前提條件一定包括對方是個善良、孝順、充滿正義感的大男人，可是感情這回事，兜兜轉轉才發現，它和品質並沒有預期中的那麼多關聯。

我情史單一的男性朋友，最終結了婚，頻頻抱怨老婆。

婚前是多麼通情達理的女人，他生病時，她甘心在冰天雪地裡乘二十幾站的公車去給他送飯，為他打掃房間，洗餿掉的碗和襪子，日子窮苦，卻也沒有半點怨言。如今每當吵架，那個曾經溫柔似水的女人，就披頭散髮地衝著他歇斯底里：「你甭想離婚，離了你那錢就都是我的，你一分都帶不走！」

她不願意再為他洗衣煮飯，甚至不再體味他的辛苦，偷偷在被褥最底下藏著錢，偷存在他不知道的帳戶裡。他三十歲不到的身體，已經出現早衰的徵兆，頭頂的髮際線後退得明顯，早出晚歸無止境陪客戶喝酒的日子，就在她日漸冷漠的眼皮下流過。

我的生活圈裡，千辛萬苦累積起的身家被一個女人給搞垮的可憐男人，不只這一個。

幾年前我們都在心底嘲笑過一個朋友，二十歲出頭的年紀就敢輕率嫁人。

男方是一毛不拔的自私鬼，聚會時錢包永遠不在身上，做事也常常落井下石。可是就是這樣一個人，在老婆出國留學的三年裡，他就辭掉頗有前途的工作，一邊陪讀一邊包攬下全部家務，在異國的冬日晚上，操著一口東北腔的英文，和印度老闆背著吸塵器清掃高樓裡的辦公室，賺一點辛苦錢補貼家用。

他們回國後，我們忽然開始嘲笑自己，這些年都在關注身邊的人是否對別人溫柔，卻從未想過，自己才是一段感情裡最該受到優待的人。

親愛的女孩，我一字一頓地和你講，我幾乎全部的愛情經歷，為的是可以讓你儘早懂得，不是所有善良的人，在愛情裡都是好人。你可以把善良當作加分，但它絕不是評判一個戀人是否合格的標準，他對待世界的那份體貼，未必就會用在你身上。

你所要做的，就是睜大眼睛，排除一切表面的虛幻，看進這個人的內心，是否騰出最溫柔的一個地方留給你，再不管不顧地付出也並不遲。

親愛的女孩，在我二十歲的時候，並不相信過來人的大道理，那些所謂「初戀熬不到結婚」的話，我驕傲得一句也聽不進。

現在的你，雖然淚眼婆娑地痛斥著那個差勁的男朋友，但我想你心裡一定還為這感情留有迴旋的餘地。所以我猜大概兩天後，你們就會重新和好，你會被他真摯的道歉打動，又做回那個頂著大太陽每天都乖乖去送餐的女朋友。也許再不久，你們會因為一次激烈的爭吵撕破臉皮，他大發脾氣暴跳如雷，你也粗暴地甩門而去。

經過痛苦很久的掙扎，你終於想開，換掉手機號碼，認認真真投入之後的每一段感情。

我不能阻止你即將受到的傷害，只能祈禱，那些傷害過你的，未來再不會讓你心寒。

二十歲的女孩，碎花裙裡的你像雛菊一樣清新，我聞得到比綠茶香水還芳香的味道，那是青春特有的氣息。總有一天你會從你的花季走到我這裡，會對從前執迷不悔的感情恍然大悟，而我只願你此後遇到的男孩，即便辜負整個世界，也別負情於身邊的這個你；也願你一直會是愛情裡的好女孩，這世界人人都有一顆玻璃心，摔碎了就再也補不回。

二　男人，別用花心辜負另一半的信念

如果愛，就深愛，別把忠誠放在正面，背叛藏在身後。

二十三歲時我在國外和一對小倆口合租房子，兩房一廳，共用廚房衛浴。我大多時候窩在屋裡，和他們只有點頭問好的機會，交情不多。

在這段非常稀薄的關係裡，我卻隨處都可以感受到他們作為一對傳統夫妻的恩愛。男生是普通的上班族，女生是溫柔勤勞的家庭主婦，早上負責為丈夫準備早飯和午餐，把一個吻叮在他的嘴唇再深情款款地目送他離開。白天在家洗衣打掃，客廳和陽台都是一塵不染，又擺上花朵叢生的好情懷。晚上男生回家，飯桌上已經有女生備好的晚飯，飯菜精緻，口味清淡，兩個人講一口暖暖的南方音，你儂我儂，說笑話聊八卦，這門縫中看去的溫馨場面，一度讓單身的我忍不住哭鼻子。

後來女生媽媽患病，她需要回國探望一個月，走之前和男生日日纏綿，萬分不捨。我記得男生送她去機場的時候，走出門口把行李箱放在車後面，像是撫摸一隻小寵物那樣撫摸著

她的前額，喃喃地說：「老婆，早點回來，不要撇下我太久。」我在陽台上晾衣服，看到這離別的一幕，不禁感慨，還有什麼比這樣細水長流的愛情更偉大呢？這份感動讓我的鼻涕和眼淚不停地跌在胸口。

女生離開後，男生的生活規律徹底被打亂。我看得見堆成一座小山的髒衣服，油漬清晰的鍋碗瓢盆，幾乎在每天早上都可以聽到慌亂不及的關門聲，也常常在深夜晚歸時撞見他在廚房裡煮泡麵。他難為情地衝我笑，非常笨拙地在鍋裡加進一個雞蛋，再慌忙從麵中打撈破碎的雞蛋殼，一邊吃一邊打電話向老婆訴苦，使出撒嬌的本事要挾她快快回來。

有一天男生下班時，我在客廳裡看雜誌，他無所事事地轉了幾圈，然後坐下來和我聊天。

我們從不痛不癢的塞車小事，聊到空難和戰爭的悲劇。他說：「哎，加個微信吧，我在這兒的朋友也不多，以後方便常聯繫。」

我很自然地把號碼給他，他擺弄了幾下，我的手機上出現了一個新鮮的頭貼，他和女生的親吻的照片，看起來美好又般配。他忽然指著我手機螢幕保護程式的學士服照片說：「呦，那時的你真漂亮。」我尷尬地笑了笑，不知道說什麼才好。

我們各自回到房間，深夜時我的手機響起提示音，打開一看，是那個隔壁的男生。

他說，你在幹麼？

我答，在看書。

他說，我在打遊戲，這個遊戲很好玩，要不要過來玩？

這股曖昧的暗示，發生在這樣一個無人知曉的夜晚，讓我覺得，如果此刻踮著腳靜悄悄地鑽進他的房間裡，就一定會有什麼不一樣的事情發生。這怔住而沉默的幾分鐘內，他的微信再次發來。他說，我們這樣對著隔壁發微信，好像偷情一樣，真刺激。

這樣的話就出現在他和女生親吻的頭貼下，毫無羞恥。

我看著照片中女生幸福而單純的眼神，覺得非常難過。那些被她精心呵護的幸福景象，就被這個男生親手撕破，我狠狠地按著鍵盤，傳送一個個燃燒著火焰的憤怒字句：不，謝謝。

那端沉寂下來，我卻再也睡不著。我望著從窗簾縫隙裡透出的一小塊天空，失望而不解，這靜謐美好的夜晚，該有多少邪惡的事情正在發生啊。

半個月後，男生把女生從機場接到家裡，又回歸了一對小倆口幸福美好的日子，女生依舊負責煮飯打掃，做最盡職的家庭主婦，男生朝九晚五，對太太呵護有加愛意滿滿。

後來我搬走，他沒有再給我發過微信，只是不停地在朋友圈發著和女生的親密照。

某一天看到他的微信上發了一張女生懷孕的照片，我默默地祝福，也在想，但願你和那個可愛的女人白頭相守，別再有背叛的念頭。

讀書時，人人網（編註：原名校內網，社群服務網站，也是中國大陸最早的校園社交網路平台之一）的站內信功能，還十分強大。我那缺乏感情經驗的朋友，懷著對一場純真愛情的渴望，在網路上和一個沒有見過面的帥哥聊得火熱。我一向對感情有戒備，不太相信一個陌生人在網路上說一句「嗨，美女你好嗎」，就是上天對一份愛情所安排的天注定。

朋友每晚坐在電腦前，等待他上線，恨不得把生活裡的每一件事都講給他聽。他們的進展神速，彼此都認為是要「相守終生」的人，於是計劃了現實中的第一次約會，把見面地點約定在兩個城市的中間。

臨行前一晚，朋友把所有的衣服攤在床上，仔細挑選，一副緊張又期待的模樣，我看著她那雙單純的眼睛，心裡依舊覺得不可靠，一籮筐擔心的話到了嘴邊，也只能不掃興地說一句「注意安全吧」。

朋友回來後，更加的神采飛揚。和我述說這個男生，雖然沒有照片裡那樣英俊帥氣，但是有一股無法抗拒的魅力，待人紳士有教養，慷慨大方，處處為她考慮，她慶幸當初沒有錯過這樣一個人。朋友盯著我臉上無法隱藏的憂慮，推搡了我一把，笑著說：「你別那麼不相信網戀嘛，我倆就是萬一！」

之後的日子裡，他們倆的戀情也一度令我相信，這就是網戀中的「萬一」。即便隔著六個小時硬座火車的距離，朋友和男生也堅持每個月在兩個城市中間的會面。

我親眼看著她在食堂中徘徊，挑最便宜的素菜吃，在心愛的小掛飾前猶豫著最後走開，錢包裡厚厚的一沓，都要攢下來貢獻給火車票和小旅館。可是還好她總是收到男生的包裹，裡面裝著她愛的話梅、地瓜乾和怪味豆。有一次居然收到一大把的玫瑰花，嬌豔欲滴，她喜歡到不行，擺在桌子上直到花枯萎，也要做成書籤放在課本裡。

放寒假的時候，我的人人網上出現一個新的朋友，他說，美女聊聊嗎？

我定睛一看，這不是朋友的男朋友嗎？我思前想後，沒有回覆，也沒有把這件事告訴她。只是在一次閒聊中，我問她：「親愛的，你確定他是一個值得你愛的人嗎？」

朋友看也不看我：「那當然了！」

我問朋友：「那你愛他的什麼呢？」

朋友掩蓋不住一臉的自豪：「能因為什麼呀，瞧他那醜樣子，就因為他老實，只對我一個人好，要是他有一天背著我跟別人搞，打斷他的腿，哈哈！」

那個假期結束後，很意外地，朋友和那個男生分手了。

分手通常都不需要太多理由，也沒有多少限制，只要一方鬆手，另一方就沒有迴旋的餘地，可是把一次分手弄到天崩地裂的卻不多，那需要有天大的仇恨和辜負。朋友為初戀的背叛撕心裂肺地痛哭，兩個月瘦掉十公斤，眼窩深陷，顴骨突出，整個人迅速垮下去。她恨這個外表文質彬彬的男生，內心是個花心的野獸，一直在他的城市裡有女朋友，所以每次才騙她在另外的城市會面；她恨自己對他的愛情，是一片赤誠，他對她的，則是寂寞的副產品。

朋友那年不到二十歲，正是充滿熱望的年齡，卻被一個花心的男人打倒，對愛情的信念轟然倒塌，後來花了很多年，在質疑和擔憂的反覆襲擊中，她才肯一點點把它們拾起來。

我在戀愛中唯一一次不太光彩的記錄，是忍不住偷看了前男友的即時通訊聊天記錄。

在我鬼鬼祟祟作案的幾分鐘內，儘管我不停地告訴自己「一定沒有什麼的啦」，卻翻到了一個特殊的聊天群組，只有男朋友和一個叫作「蘑菇頭」的女生，聊天記錄裡顯示的，是他都不常和我說的話，「mua，晚安～」「親愛的，你在幹麼呀」「嗯嗯，愛你」……那一刻我呆住，後腦勺的血液凝固住，震驚得都忘記了哭。

那個叫作「蘑菇頭」的女生，男朋友一直稱她是「好哥兒們」。我見過她幾次，是個特別光鮮的存在，也常常出現於我和男友的對話中，他常常拿我和她做比較。「看看人家多瘦，你怎麼這麼懶」，或者，「人家雅思考了七分，你可以嗎」。我心裡一直有種不好的預感，間歇地隱隱發作，一個男人用別的女人來取笑自己的女人，實在不是愛情中的好兆頭。

直到我看到如此震驚的一幕，終於證實了我的猜想。

我忍不住去和男朋友討公道，他大發雷霆，斥責我不應該翻看他的私人物品。我居然被一連串的道理說服了，大哭著說「對不起，不要離開我」。

後來我們分手，不是因為「蘑菇頭」，而是因為其他的原因，可這件事就成為了永久性的傷害，因為直到分手，我都沒有得到一句關於「不該背叛你」的對不起。

在十幾歲到二十幾歲的青春裡，我看見很多種傷害。單純善良的小女孩，經歷男友劈腿，再也不敢對感情踏出一步；成熟穩重的女人，經歷背叛，變成歇斯底里的瘋女人；鐵石心腸的女漢子，面對舊情痛徹心扉淚眼朦朧。我們經歷很多種背叛，很多種猜忌，很多種謊言的證實，直到變成一個個被情感專家研究的剩女現象，被人調侃擇偶標準太高，以至於找不到婚姻中的理想歸宿。

可是，無論是何種女人，都有愛情的底線，那就是尋找一份忠誠的感情，可以不用在出差回家的時候發現床底的紅內衣，也不會在男友設定密碼的手機裡，發現另一個女人的蛛絲馬跡。

三十年前的鄧麗君滿懷深情地唱著：「送你送到小村外，有句話兒要交代，雖然已經是百花兒開，路邊的野花，你不要採。記著我的情，記著我的愛，記著有我天天在等待。我在等著你回來，千萬不要把我來忘懷……」這一首痴痴等待情郎的歌曲，如今又出現在人們懷舊的CD裡。

男人啊男人，你們的忠誠是千古唱不衰的話題，如果愛，就深愛，別把忠誠放在正面，背叛藏在身後，不要用花心辜負另一半的信念。

請記得，女人是一朵倔強的雛菊，你給她足夠的溫暖，她才會盛放一片春天。

〃愛的千萬種方式

願你，可以成為心領神會的那個人。

（一）

我從來沒覺得爸媽是相愛的人。

爸媽愛爭吵，從我記事起，他們的每一次爭吵都地動山搖。錢、工作、婆媳關係，每一件事都能成為爸媽爭執的內容。媽說粗話，喜歡動手，有時摔遙控器，有時摔花瓶，披頭散髮，歇斯底里，哭到慘烈；爸是沉默派，只嘆氣，後半夜等到全家熟睡跑到陽台靜靜抽菸流著淚。

溫馨的家庭畫面，在我的童年裡，彷彿一直缺席。

媽對爸的苛責，爸對媽的沉默，在我看來，這根本談不上是一場愛情。

一九九幾年的我家，正在經歷最困苦的時刻。媽待業，在家做幽怨的主婦，把鍋碗瓢盆擦得比腦門都亮，也沒辦法變出一鍋肉湯。正當年的三十幾歲，卻滿心思都撲在菜市場和爐灶間，衣服全部是幾年前的款式，皺紋裡藏有化不開的憂愁。媽不買化妝品，頭髮亂蓬蓬缺乏保養，一張臉四季都是黃土地的色彩，不上館子也沒什麼朋友，唯一的社交活動，是和樓下賣水果的小販為了幾角錢紅著臉爭執。

因為錢，媽在冰天雪地步行幾公里去更便宜的露天市場，呢子大衣裡襯補到爛還穿在身上，牙痛到在地板上打滾也不肯邁進醫院半步，這些記憶，我心裡一直都有。那時以為，媽沒有生活更別提夢想，她拿著省吃儉用的錢偷偷買給我爸他捨不得買的皮鞋，常常就忘了她自己。後來生活漸好，才發現媽也是愛美的，她喜歡顯腰身的裙子、有品質的長筒皮靴和淡雅的香水。那件橘紅色的上衣，襯得她不再年輕，可是把自己的三十幾歲關在牢籠裡的這件事，彷彿她從未計較過。

爸出身於知識分子家庭，藝術天分濃厚。即便生活貧窮的年代，每個週六清晨，我的家裡也總有薩克斯風的音樂響起。爸偶爾從市場裡買來不知名的油畫，色彩濃郁，大都是印象派的田園好風光，後來被我媽統統當作破爛處理掉，我對藝術早期的自我培養就此戛然而止。

爸喜好養魚，二尺的魚缸，布置得精細有情趣，背景黏成水底世界的深藍色，再放進幾根水草和人造珊瑚，過濾器一開，水嘩啦啦地從一端流到另一端，金魚帶著一堆色彩亮麗的小魚兒們，鼓著腮幫子歡快地喘著氣。我媽嫌費電，每天皺著眉頭在爸身旁嘟囔。爸是絕代的好脾氣，三下兩下就拆下了過濾器，不久把魚缸也送了人。我還記得那個黑黑的清道夫被送走的時候，自己招著手向牠告別。

這些我爸曾經喜愛的東西，我都再也沒見過。後來，他開始侍弄花草，把曾經放在魚缸裡的海底裝飾，放在盆景裡。媽偶爾不耐煩地嘟囔幾句，卻每天都來澆水，修枝剪葉的時候，眼裡也有笑容。

情竇初開的年齡，我半夜裡偷著用手電筒看言情小說，以為自己很懂愛情，男人要風流倜儻、腰纏萬貫，有「弱水三千我只取一瓢」的豪情；女人要柔弱纖細、欲說還羞，純如蓮雅如蘭。那時的我，只懂得「般配」，恨爸媽沒有故事裡的浪漫情懷，卻不懂愛情裡，還有另外一種形式，更珍貴更難得，它叫作「犧牲」。

（二）

閨密決心和相處六年的男朋友分手，不接他的電話，不回他的簡訊。她聲淚俱下地向我控訴他的「沒主見」，這已經不是第一回。

她的男朋友，是從十幾歲一同成長到現在的好朋友，因為有太多的經歷交雜在一起，彼此知根知底，感情深厚，情同手足。憑藉我對他多年的了解，去定義這樣一個人，不客氣地說，我從未見過這樣一個慢熱、沒主見，又時常不知所措的大孩子。

這十幾年間，我們都從孩子的軀殼裡脫離出來，只有他還留在老時光裡。閨密原本是小鳥依人的性格，自從和他交往，便成為了一個事事要做決定的大姐大。他們約會的時候，閨密要決定是去看電影還是去遊樂園；一起去旅行的時候，閨密要提前訂好機票、旅館，做足攻略；就連吵架過後閨密找藉口邀他一起吃飯和解，他也要迷茫半天地問我：「你說她是想讓我去，還是不想讓我去呢？」

學生時代結束後，他去了北京，她則留在了家鄉。

他在一家飯店做廚師，經常上夜班，薪水不高卻很辛苦。閨密選擇讀研究所，一邊進修自己的專業，一邊處處為他做隔空的決定，於是電話和火車成為了感情的寄託。他們每天通數次電話，在這一通裡爭吵，又在那一通裡和好。寒暑假她坐著高鐵去看他，五個小時的車程，一路上她掰著手指頭算時間；他則用連續工作數月攢下的一個假期陪著她，親手為她做一個蛋糕，在上面雕滿愛的圖案，把她寵作公主。

這麼恩愛穩定的感情，修來難得，而閨密卻總是在為這段感情的未來擔憂，她說：「一個大男人，什麼決定都做不了，讓我如何是好？」

於是在一次劇烈的爭吵後，閨密下定決心要和他分手。她坐在熟悉的高鐵上，去見他最後一面，想給六年的感情畫上一個體面的句號。

幾天後閨密回來，眼睛腫成蜜桃，臉也哭成了四方形。她說每回自己去看他，回程的時候他都買給她一張高鐵票，可是他來找她的時候，卻總是買一張最普通最便宜的票。為了爭取多一點和她在一起的時間，他總是夜裡出發，在令人窒息的擁擠車廂裡坐上或站上十二個小時，沒有絲毫怨言。

這一次，閨密回來，站在那個不一樣的慢車車廂裡，忍受菸味屁味汗水味交雜在一起的味道，十二個小時終於想清楚了一切。

她決定原諒他，因為他哭著說：「我人生中做過那麼多的決定，卻甘願對你窩囊，這就是我愛你的方式啊。」

（三）

遇見彼得之前，我的男朋友都屬於一類人，多金，帥氣，嘴巴甜。我是頭腦簡單、甘於奉獻的傻女孩，很吃嘴甜那一套。

剛剛和彼得搬到一起，我自告奮勇，吵著給他做牛腩麵，前一天晚上我用大骨熬湯，第二天煮牛腩，用火太猛，牛肉燉成了皮革的滋味。我試探著問彼得：「如果滿分十分，你給我打幾分？」彼得用力地再嚼了幾下，很認真地說：「味道正宗，可肉質實在不怎麼樣，如果給你打分數，三分吧。」

那一刻我委屈得幾乎要掉下眼淚，我心裡埋怨，彼得啊彼得，看在我這麼努力的分上，你不該把真話說出口。彼得沒察覺出來，三兩下把剩餘的牛腩麵都吃光，第二天和我講：「親愛的，我嘴兩邊的肌肉都好痛。」

彼得的真誠不止於餐桌上，他事事都要說出犀利的真相，對此我一度十分不滿，甚至動過離開的念頭。可是當他評價晚餐不合口味時，最後卻成為了家裡的大廚師。一個藍眼睛的男人，自小吃牛排長大，和我的家鄉遠隔半個地球，卻看遍無數的食譜，每個晚上準時把自創的中西式炒菜擺上餐桌。他不說情話，不懂浪漫，卻總是給我樸實到心安的關愛。這種愛的方式，是在我告別了青澀年代，快要走進三十歲，經歷了一些感情的風雨後，才漸漸可以懂得的。

是啊，嘴甜不一定是愛的方式，不然又如何解釋，那些嘴巴甜甜誇我是美廚娘的男朋友們，最後都端著蠟燭坐到了別人家的餐桌旁？

（四）

在這個世界上，有多少種人就有多少種愛，它或身披黃金或赤身裸體，或鑲滿鑽石或包裝簡陋，或闖得進豪宅或鑽得進茅屋，沒有人能夠預料它以哪一種方式出現。

而當有一天，你遇到了一份愛情，以剝洋蔥的心情小心翼翼地剝開它時，你會發現，縱使愛有千萬種方式，卻只需要一份理解，而願你，可以成為心領神會的那個人。

二 我用味蕾愛著你

你走後，我也搬出來，把故事都留在了巴克蘭街二十四號的鐵皮房子裡。

親愛的佳明：

聽說你要結婚了，新娘是溫順賢良的臺灣女子，樣子並不像我。

這實在是個容易發生浪漫愛情的季節，南半球的春天，晴天的時間多過於陰雨，陽光並不凶猛，從厚厚雲層篩出色澤鮮亮的光芒，罩住熙熙攘攘的生命。這樣的季節，去皇后鎮拍婚紗照，溫度剛好。

認識你也是在這樣的季節嗎？我記不清那年的櫻花是否也開得這樣好。那時剛剛開始國外生活的我，一個人來到這裡，把太多的地方當作落腳。倉庫、車庫、地下室、朋友家的地板上，都成為勞頓旅途的棲息地，後來停在一個四處漏風的鐵皮房子前，就在那簡陋的兩房一廳裡遇見了你。

作為一個遠離社交的女生，最初的我，並不打算與你這個三十幾歲的單身男人產生交集。幾十平方公尺的空間，被雜物塞到逼仄，我們共用一個廚房衛浴與客廳，彼此客客氣氣，絕不多語。你長相普通，身材高大，看起來爽朗，大鼻子圓眼睛厚嘴唇，笑起來有幾分討喜。我們很少見到彼此，我卻在每個清晨從你車子的發動聲中準時醒來，窗簾外望去的天空，永遠是還未亮起的灰白色，我因此懂得這份辛苦。

你經常穿著那件褶皺的黑色T恤，褲子也是洗得發白的青灰色，看起來並不是乾淨整潔的人，卻難得扮演了一個細心的室友。

我清洗馬桶和浴室，第二天你就把客廳收拾得一塵不染，我在陽台上擺滿嫩綠的植物，轉眼你就買來新的杯墊放在餐桌上，你幫我配鑰匙、倒垃圾，甚至置辦了兩把椅子放在陽台上。

我在那裡讀書寫字喝咖啡，霸占著絕大多數的好天氣，而你呢，空閒時坐在地毯上看電腦，吃來路不明軟掉一半的巧克力，偶爾衝我嘿嘿一笑，膩呼呼的黑色全黏在門牙上。

我沉浸在自己的想像世界，並不想參與你的生活，可是偶爾，也能在關燈入睡前的一瞬間聽見隔壁傳來的電話聲，你安慰母親這裡的生活如此清閒，轉眼卻打給朋友訴苦；而我也相信，在某些時刻，當我為著生活的艱辛在你的隔壁放聲大哭時，這些痛苦，想必你也一定聽得到。

那是我最不順利的一年，決定結束吉普賽般的生活，重返校園去讀書。把所有打工攢下的錢都拿去繳學費。那一刻，我的心突然變得和口袋一樣空蕩蕩。坐在異國街頭的長椅上，和吃著漢堡的流浪漢並排，我的銀行戶頭還剩餘兩塊三毛錢，青春正好，陽光免費，可我連他的那個漢堡都買不起。

一路上從抽泣哭到鼻青臉腫，回到鐵皮房子推開門的那一刻，煙霧繚繞，香味撲鼻。

你在廚房裡燒著菜，正拿著湯勺悠哉地嘗滋味，各式各樣的佐料擺滿灶台，鍋碗瓢盆都堆在水池裡，我故作輕鬆地吞下口水與眼淚，鼻子裡都是家的味道。

你咧著嘴，微笑樸實到極致，「一起吃吧，米飯在鍋裡」，我毫不矜持地點著頭，連一點假裝的猶豫都沒有，接過飯勺，準備碗筷，一切輕車熟路。

我隔著霧氣，看著你這個連圍裙都沒繫、油漬沾滿T恤下擺的邋遢身影。很久之後我才明白，那樣的一年裡，闖進生命裡的人有無數個，為什麼大多在一段時間後變得面目模糊，而你卻留在了我心裡。

你對食材並不講究，可是手藝卻不賴。那道啤酒麻辣蝦，離開你就再沒吃過最好的。蝦是半年前冷凍的，啤酒是前一天喝剩的，大蒜已經發芽，乾辣椒也不知道在櫃子裡待了多久，這些你一概不在乎。

你更在乎的，是蝦一定要剔除腸泥剪掉蝦鬚，這樣吃的時候不會扎到手；用瓦斯爐不用電爐，大火炒過的菜味道更足；烹飪順序不可錯亂更不能偷工減料。熱鍋上油，下蔥薑蒜爆鍋，加乾辣椒和麻椒，鍋鏟上下翻騰幾下，炒至飄香，放蝦炒紅，倒入啤酒燒開，放少量鹽、生抽，嚐嚐滋味，靜等出爐。

那晚，我們在餐桌前把蝦殼堆成一座小山，從天南聊到海北，你聊工作、黑心老闆、移民之路，我談打工、學習、寫作夢想。我們喝著啤酒，咒罵白人的歧視、老移民的傲慢、華人老闆對同胞的剝削，也不眨眼地給未來吹吹牛。你醉眼迷離舌頭厚重，決絕地說沒有過不了的河，沒有吃不了的苦。我舉杯大喊，去他X的生活。眼角流著眼淚，不是因為痛苦，是因為在這樣一個陌生又冷漠的城市裡，終於遇見了一個人，他不須我多語，就懂得我吃盡的苦頭。

那之後我們就真的過成了一家人，是以親情的方式。

你手臂被油鍋燙傷，我幫你包紮換藥，很遺憾最後還是留了疤。我貧血時你帶我去中藥鋪抓藥，大半夜為我熬湯香飄十里。我換掉你臥室裡保存期限不明的巧克力，在早市花三塊錢買一個木籃子，裡面裝上各種零食。你為我做拿手的馬來菜，足味足量，我貪婪地把飯碗壓得扎扎實實。我們一同去超市，買降價的整條鮭魚回家。你用廚師的水準切出乾淨俐落的生魚片，我煮毛豆，拌海帶絲和蓑衣黃瓜，隨心情放佐料，把想像力發揮到極致。

我們幾乎同時愛上了紅酒，每週買一個牌子，一年留在牆角五十五個不同的空瓶子，把自己喝成半個專家。冬天時我們買牛肉羊肉和成堆的青菜，自己調製鍋底，大快朵頤吃火鍋；夏天的夜晚敞著窗戶喝啤酒，吃你最愛的芥末花生數星星，你說看誰先打第一個噴嚏，結果直到木籃空空也分不出勝負。

那是多麼美好的一年，你愛上了我的芥末花生，而我卻幾乎愛上了你。

有一天趴在地毯上看深愛的007，往嘴裡塞著牛軋糖，地上糖果紙撒了一片。正看到史恩康納萊和龐德女郎在纏綿，我聚精會神睜大眼，坐在身旁的你忽然說，「我決定去另一個城市。」震驚，難過，不捨，我不知道心裡是否還能裝下更多。你堅持得那樣徹底，似乎有些興奮，說那裡有更好的工作和未來，這裡從來不屬於你。我擠出一個微笑，聽你慷慨激昂的理由和雄心壯志，舌尖上牛奶的味道融盡了，只剩餘細碎的花生粒，那一刻變成離別的滋味。

佳明，從那以後我再沒嘗過牛軋糖，007的DVD也送了人，你不知道，我怕離別。

臨行前一天，我特意請了半天假，學著你的方法，做了一頓不太成型的麻辣蝦。你點頭認真地說好吃，就是太辣了。我說特意買的泰國公雞牌辣椒，味道嗆人，吃著吃著我們就都流了淚。看著你離開的背影，我多麼希望會有一場暴雨，攔住你的去路，或者你的破車拋了錨，被拖車狼狽地拖回家，可惜什麼都沒有發生。

你走後，我也搬出來，把故事都留在了巴克蘭街二十四號的鐵皮房子裡。

後來我們慢慢失了聯，我想你一定過得忙碌又充實，日子比從前好很多吧？手臂的傷疤還在嗎？你在的那個城市可以買到綠罐子的芥末花生嗎？我一直想聯絡你，想告訴你我的生活也漸漸好起來，口袋裡有了點閒錢，哭鼻子的次數少很多，寫作事業終於起步，每一天都充滿著正經人和正經事，只是餓的時候很想你。

前幾天我們熟識的那幾個朋友聚會，我也去了，一桌子馬來菜，我沒吃幾口卻喝了太多。

他們說，後來你開了一家餐館，取了個異國名字，奇奇怪怪的發音，聽說翻譯過來是思念。

芥末花生

二〇一四年某個深夜

（親愛的佳明，這是一封無法郵寄的信，它被壓在抽屜的最下面。我沒辦法紅著眼睛去參加你的婚禮，也試著不再去想你，就讓味蕾替我愛著你吧，一直一直。）

Chapter 3

義無反顧的生命之旅

二十歲之後，開始學會敬畏生命，感悟它的頑強，也更加領悟其脆弱的那一面。如果上天決定不給我明天，那我只能把今天過得好一點。

出國是一條怎樣的路

在槍林彈雨的生活裡，學會生存的能力和意義，親手為自己披上一件銅盔鐵甲的戰衣。

曾經一同上學的朋友小A在中國國內一家不錯的公司上班，是一名勤奮努力的小小上班族，年底剛剛升了職。幾年熬紅眼的加班，讓她告別了那個背著米奇包每天清晨擠在公車裡的青澀小女孩時代。

如今的她，提著精緻的名牌小包，踩著八公分的高跟鞋，開著還不算太過氣的小車，再也不用在清晨擁擠的公車上狼吞虎咽下兩個肉包子，也不用在買一件八百塊人民幣的大衣時咧嘴心疼了。

可是她並不開心，自嘲是一隻嚮往自由的鳥，可惜被銀行戶頭和辦公室隔間捆住了腳。她在網路上無比幽怨地對我說：「親愛的，我特別想去外面的世界看一看。」

朋友心心念念的外面世界，就在我偶爾上傳到社交平台裡的風景照裡面。

海天相接的清澈蔚藍，比基尼少女成群躺下的沙灘，一年四季常綠的草地上，肥碩的海鷗和人爭薯條，小孩子赤著腳歡快地亂跑，牧羊犬也跟著撒歡瘋掉。這樣的景致，在南半球這個氣候溫潤的城市，是最尋常的標誌。

朋友說：「你看，你那裡沒有PM2.5（細懸浮微粒），沒有失業的危機，沒有鉤心鬥角的壓力，只有陽光沙灘大草地。如果我能在那裡生活，該有多好。」

而此時，我身邊的另一位朋友在臉書上感慨著寫下：「留學近八年，從十五歲一直到二十三歲的今天，有六年沒能和家人一起過年。每次回家只能停留兩星期，曾經住在寄宿家庭裡連多吃兩片麵包都要被指責太貪婪，十八歲後開始獨居，住在破舊的公寓裡，總是一個人撐住所有的困難。大學時讀飯店管理學，聽著好洋氣，實際上端茶倒水，畢業後搖搖晃晃幾年，也沒有找到適合自己的位置。如今困惑又迷茫，只能安慰自己，這就是生活吧。所有沒出國的朋友們要謹慎謹慎再謹慎，理想永遠很美好，現實其實很殘酷。」

幾天前在網路上看到有人形容出國這件事，就如同出櫃，不出憋屈，出了後悔。文雅一點地說，出國似出一堵圍牆，牆內的人羨慕牆外人的自由，卻看不到牆外人的辛苦；而牆外人「得到了天空，卻失去了大地」，一顆心遊蕩在中西方文化的臨界點，從此故鄉是模糊的，眼淚卻是真切的。

出國到底是一條怎樣的路呢？

出國是從工作能力到生存能力的過渡

出國前，我在一個即時通訊群組裡認識了同樣拿著打工度假簽證要飛往紐西蘭的男生H。簡單溝通之後，知曉他是軟體工程師，從家鄉一個小城畢業後到上海工作，職位重要，薪水豐厚，五年裡攢有一筆不小的積蓄，可以用來補償當年未能成行的空檔年。

後來我們約在奧克蘭見面，H給我看他宏大的旅行計劃，從北島到南島，無論是激流島的酒莊還是皇后鎮的湖畔，他都做好詳盡的攻略。在最初的日子裡，他總是盛情地呼朋喚友，參加各種聚會，花銷奢侈。用五年的積蓄來進行一次旅行，他比我們大多數人都有奢侈的能力。

可是半年後，遊盡山水的H，開始為找不到一份維持生計的工作而犯愁。因為簽證的時間限制，沒人肯雇用他做一個軟體工程師，他雖然為人老實但生存能力極差，別人做三個小時的清潔工作，他要做四個小時還達不到標準，中餐館徵服務生，他手腳笨拙頻頻打翻碗筷。最後找到一家網咖做機台維修，老闆卻只肯付給他最低工資的三分之一，可憐的薪水連一個十平方公尺房間的租金都支付不起，他只能借住在朋友家的地板上，靠廉價罐頭填飽肚子。

不久後他打電話給我，說剩餘最後一點錢訂了回中國的機票，再也不想回到這個「晦氣的地方」。

回中國後，他在杭州找到一份工作，繼續做待遇優厚的軟體工程師，他說：「空檔年至少讓我失掉兩次晉升的機會和杭州一間單身公寓的頭期款。」

我記得在出國最初，自己從一份超市收銀員的工作做起，培訓時看著各式的蔬菜，能叫得出名字的沒有幾個。

二十年在家中被寵為公主的日子，我連菜都沒幫忙洗過一次，只懂得等到父母把飯菜準備好，拿起筷子酣暢地吃起來，從不管其間的辛苦。因為這樣，對於這份原本不算困難的工作，我必須要做些笨拙的準備：把蔬菜拍進照片裡，上班前的日子裡，像小時候媽媽拿識字卡片教我認字那樣喃喃自語，這個是花椰菜，這個是韭蔥，這個是上海小白菜，那個是臺灣小白菜……

在我認識的朋友中，有過這種經歷的不占少數，十八歲的男生不懂如何拖地，二十五歲的女孩子不懂如何與人交流，三十多歲的人連蒸米飯都不知要放幾碗水。但並不是所有人都肯花時間與精力彌補這種能力的缺失，所以我們從報紙上讀到二十幾歲的學生留學期間花光家中幾百萬，中國國內畢業的博士生在國外洗碗，很多有著良好工作能力的人卻把日子過得落魄不堪……

年輕人熱衷旅行，空檔年是見識世界最好的方式，我們嚮往一場說走就走的旅行，卻常常高估了自己的體力和生存能力。我們不會永遠年輕，每一場決定都有高度的危險，要開始學會為自己的生活買單。生存能力不是立足社會最有力的競爭力，卻是一切的基本，只有懂得生存，才能生存得更好。

出國是鍛鍊獨處的最佳機會

我在餐館打工時認識了獨自到國外讀高中的B。

作為高中裡唯一能夠被家裡送出來讀書的孩子，B對這裡的一切都感到新鮮。因為年紀小，她的適應能力極強，在幾乎沒有任何語言功底的基礎上，就敢於對城市各處進行探索。她瞬間就愛上了下午三點半就放學的作息、麥當勞的雙層魚漢堡、超市裡的甜玉米粒，還有寄宿家庭的哈士奇，就連街角兩塊錢一大包的油膩薯條都百吃不厭。

可是幾個月後，她哭喪著臉，一副對生活喪盡了熱情的模樣，向我抱怨：「姐姐，這兒真無聊。」

她感慨抱怨的無聊，是下午五點鐘就關門的商場，每週六才有一次糊弄老外的夜市，西方人寄宿家庭每天晚上做的一成不變的西餐，沒有車哪兒也去不了的困難。她開始深深地懷念中國國內的火鍋、大盤雞和商圈裡的徒步區、凌晨一點還喧鬧著的燒烤街，還有甩開膀子喝啤酒吹牛皮的東北漢子。她說：「姐姐，我真的太想回中國了，國內同學每天都給我傳照片，特別有趣。」

後來她真的回了國，可以享盡一切惦念的美味，可是半年後，她在微信上對我說：「姐姐，國內上學特別累，我太懷念在紐西蘭讀書的日子了。」

孤獨是我遇到的幾乎所有出國的人都要經受的考驗。最初出國時曾經認為永遠也不會厭倦的新鮮空氣和翠綠草地，三個月後就會毫無知覺，轉而在靜悄悄的深夜懷念家鄉夜晚亮起的霓虹燈和燈紅酒綠的夜生活。

所有人都嚮往自由，可並不是所有人都能承受自由。很多寂寞就像一場災難，阻隔住親人望眼欲穿的期盼，攔截那一端的熱鬧和繁華，把迷惘的男孩子送上賭桌，把年輕的女孩子誘惑進墮落的生活裡。孤獨把很多人擊潰，卻把另一些人救贖。一個內心堅定的人，無論在哪裡，都會為自己在稀薄的生活裡找到一個深刻的目標，知曉夢想的路上不會遇見很多同路人，甘願踽踽獨行。

人生是短暫的相聚和長久的分別，唯有自己是永遠的相伴，學會獨處，就像劉瑜那樣，「適應孤獨，就像適應一種殘疾」。

出國是一場對自尊心的考驗

出國前我對未來做過一次粗略的預想，不出意外的話，再過兩年，我會得到一次意義非凡的升職，幸運的話能夠遇到一個踏踏實實的男人，五年後可以貸款買一個兩房一廳的房子；每月除去還貸，剩餘的錢足夠支付兩件套裝和一頓燭光晚餐；年底可以來一次說走就走的三亞遊，生活不用太精打細算。

我們住在離父母不遠的社區，週末的時候回家吃飯，有了孩子後雙方父母都來幫忙，是偶爾有矛盾也致力於解決的大家庭，也是二線城市裡令人尊重的中產階級。

可是出國後，我的生活發生了天翻地覆的變化。從一個知識分子到端盤小妹，刺激到我的不是身體上的疲憊，而是精神上的落差。沒有人關心我是否懂得波赫士，他們只是關心我的胳膊夠不夠結實，能不能搬起沉重的貨箱，壓榨我為廉價的勞動力。

我在午休時讀書被其他的服務生取笑，在街頭看到有人豎起中指吼著「中國人滾出去」，在下班晚歸的路上忍無可忍流著淚衝著調戲我的男人怒吼：「別以為我是那種願意為一張綠卡嫁給你的人！」

央視主持人朱迅在《說出來已過時》中寫到自己在日本的留學經歷，小小年紀就要去半工半讀，遭到房東排擠，只能靠掃廁所賺錢，連鰻魚飯也吃不起。因為壓力，長了血管瘤還要忍痛去打工，常常在晚上閉著眼睛狠狠地在心裡算計著：「除了學習外，我要賺錢！賺很多的錢！」

錢是維護自由和尊嚴的一道最有力的屏障，我對此深有體會。在出國的這幾年裡，為了跳出社會最底層的生活，我幾乎沒有睡過一個懶覺，睜開眼睛就進入忙碌的狀態，不是在打工就是在念書，苛刻到要求每一秒鐘都有它的價值。

為了能夠養活自己，我沒敢請過一天假，咽下過很多的委屈，吃下太多的泡菜和泡麵。與別人合租一個房間，沒有什麼像樣的家具，把從圖書館借來一落落的書堆在床頭當作消遣。想家時到海邊去散步，面朝大海，海風襲來，海平線的那一端，踮起腳也望不到的地方，才是家。

朋友小A把攢在手頭的大把旅行宣傳冊和留學資料拍照給我看，今天嚮往去巴塞隆納看星星，明天又期待去英國巴斯大學修文憑，不停埋怨著中國國內的空氣和壓力。

可是呀，不管外面的世界有多麼新鮮的空氣、多麼蔚藍的天空和海水、多麼壯觀的美景和文化，只要在一個地方活下去，就要支付高昂的房租和月底準時出現在信箱裡的帳單，把很多的時間用來為生計奔波，和當地人在就業市場上沒命地廝殺，遭遇同樣的就業競爭和失業壓力。

我記得十年前，如果有人出國，就是一件特別稀罕的事，出過國的人就像鍍了一層金。後來出國的人多起來，海歸就變成了海龜，再沒什麼稀奇，曾經的鍍金往往變作散盡千金。而現在越來越多的人，開始把出國當作一條逃避現實的出路，書讀不好可以出國去謀生路，在國內壓力大可以去國外過節奏緩慢的日子，在國內沒有錢沒有地位可以去國外碰碰運氣……

可是很少有人懂得，心若沒有棲息的地方，到哪裡都是流浪。

但我想，對於那些內心堅定的人來說，出國雖然是一條讓人吃盡苦頭的路，走一寸卻有近一寸的歡喜。在槍林彈雨的生活裡，學會生存的能力和意義，親手為自己披上一件銅盔鐵甲的戰衣，而這件戰衣，即便不是金鑄的色彩，在那未來的風沙歲月裡，也會沉澱作一枚永久的勳章，只屬於那個為之奮鬥過的你。

我在西方文化裡的自我成長

（一）

十年前坐在電視前看英文節目，聽主持人講她的留學生活。她說初到國外的時候，英文不好，每天背著書包低著頭，過兩點一線的日子。有一天在路上遇見一個外國人，問她某條街怎麼走，她知道那條街在不遠的地方，懊惱不會用英文表達，硬是默默走在前面，把外國人帶到了目的地。外國人看著這個友好卻沉默的中國女孩，感激地講：「Thank you!」她擺擺手，想說「You are welcome」，心裡一緊張，嘴裡飛快地回應著，「Very much」！

十幾歲的我，還不夠聰明體貼，在電視前笑得沒心沒肺，並沒有意識到那個在國外街頭鬧了洋相的中國孩子和如今英文流利的主持人之間，隔著多少挫折與努力。但是有什麼東西，卻在我的心裡留下了淺淺的一筆。

學好英文，是一個人能夠在國外生活的唯一標準。這是我在成長的歲月裡堅持的信條，毫無異議。

（二）

幾年後，我讀到龍應台寫給兒子安德烈的一封信，講到她的十八歲，生活在只有一條窄窄馬路的漁村，不知道下水道，也不知道垃圾科學處理，沒進過音樂廳和美術館，也沒逛過琳琅滿目的百貨商店，直到二十三歲到了洛杉磯，才第一次知道，可以讓對面來車一律閃起明晃晃的白燈，而讓自己這條線道上的車尾燈一溜紅燦，保證車輛整齊行駛的地方，叫作高速公路。

她自嘲有一種鄉下人的愚鈍，直白地道出這種文化缺陷：「十八歲時所不知道的高速公路、下水道、環境保護、政府責任、政治自由等等，都不難補課。但是生活的藝術，這其中包括品味，是補不來的。音樂、美術，在我身上仍舊屬於知識範圍，不屬於內在涵養……」

這種文化的尷尬，若干年後當我站在異國街頭，看見移民多年的華人，在西方世界裡劃下一方土地，築起掛著中文牌匾的超市、餐館、肉舖、換匯公司，終於可以親身地體會到。這彷若是一道封閉的城牆，也是一道密不透風的文化屏障。

牆壁外面，到處是白皮膚的長毛怪，說一口音調誇張的鳥語，把冰涼的三明治和奶昔當作早餐，熱愛曝曬的沙灘和洶湧的波濤；牆壁裡面，住著看中國報紙，聽中國新聞，小口啜著高山茶的中國人，吃東北大米、西北麵條，在擺滿廣東早茶的餐桌上聊天吹牛，夏日裡打遮陽傘喝綠豆湯，冬日裡穿秋褲煲羊肉胡蘿蔔湯。我第一次帶外國朋友到中國城吃餃子，他對這個高密度的中國人居住地好奇無比：「為什麼中國人不肯融進我們的世界裡，不管到哪裡都要建一個中國城呢？」

我說：「帕斯高，你信不信，我有一個在奧大讀博士的中國朋友，她可以用英文流利準確地說出愛因斯坦的相對論，卻無法聽懂酒吧裡醉漢的笑話。」

(三)

我從十歲開始學習英文，每個週六去補習班聽一個半小時的英文課，從二十六個字母開始，一直到《新概念》英文教材的第四冊。高中時我在英文考試裡常常拿到全年級的第一名，可以瀟灑地對我的同學講，選擇題不要靠語法要靠語感。後來上了大學，又經歷了對英文正經系統的四年學習，課堂筆記抄著莎士比亞的十四行詩，也用英文寫下「九一一」之後對美國人情緒創傷的感想。我一直自認為，我的英文足夠棒，就憑我聽得懂電視裡的央視英文頻道，還讀得懂原版的《傲慢與偏見》，看《第凡內早餐》時不必讓字幕出現在電腦螢幕上。

可是，當我第一次坐進西餐廳，在侍者的注目下，拘謹地把菜單從頭讀到尾，一邊琢磨著什麼叫 entry 什麼叫 main，一邊偷瞥鄰桌上精緻的刀叉錯落。我只敢點一份最簡單的 egg and toast，都不知道該期待些什麼。

侍者問我：「how would you like your eggs done?」（您想要什麼樣的蛋？）

我想了想，怯怯地講：「boiled。」（煮蛋）

於是耐心的外國侍者，幾乎花上半個鐘頭向我解釋，西式早餐裡的雞蛋，有單面煎蛋、雙面煎蛋、炒蛋，還有把生雞蛋去殼直接拋在沸水裡的水煮蛋，並沒有我說的那種把整顆帶殼擺入水中，熟透了就可以裝進公事包裡去趕公車的蛋。

我第一次和人聊西方音樂，坐在朋友家書房裡的真皮沙發上，他對我大談特談八○年代歐美音樂的輝煌，The Police 的 *Every Breath You Take*，Prince 的 *Purple Rain*，Foreigner 的 *Waiting For a Girl Like You*，Poison 的 *Every Rose Has Its Thorn*……我一個也沒聽過，不敢多言，心虛又尷尬。自從八年前我的 MP3 被班導師沒收掉，我的世界裡就只響著麥可傑克森。我不懂民謠，不懂流行，也不懂情緒亢奮的搖滾樂，我甚至連黑眼豆豆的名字都記不得，把 Black Eye Peas 硬生生地說成 Black Eye Beans，鬧了尷尬的笑話。

我第一次和人聊歌劇，談的是我唯一看過的《歌劇魅影》。幾年前我在正宗的紐約百老匯劇院裡面，觀賞幾個小時時長的歌劇，禁不住瞌睡，仰著頭睡過去，鄰座的白人禮貌地拍拍我，告訴我要尊重一場藝術，我極力保持清醒，卻搞不懂舞台上除了半臉面具的男子，剩餘的演員都在扮演誰。後來我自大地對人講「Phantom of the theater（電影院鬼魂）舞台效果挺棒的」，對方禮貌地指出，「如果沒記錯的話，那部歌劇叫 *Phantom of the Opera*（歌劇魅影）」。

第一次去星巴克裡喝咖啡，才知道咖啡不只是即溶粉末配熱水，還有摩卡、黑咖啡、卡布基諾……第一次請外國人到家裡玩，不懂人家說的「what's for tea」在講什麼；第一次去朋友家做客，上完廁所不知道該把馬桶蓋抬起還是放下來……

這種搖擺的恐慌，讓我意識到，原來阻攔我們融入西方世界的，除了語言，還有文化。

（四）

朋友在紐西蘭學幼教，被派去一家幼兒園實習，第一天回來後跟我講：「天哪，三歲的孩子已經會說 sophisticated（複雜的）！」於是她發瘋一般每天下半夜才肯睡，把《牛津詞典》當枕頭，做夢都講著英文。堅持三個月後，實習結束，她是唯一沒有被錄用的幼兒老師，院長評價「缺乏互動」。

另一個朋友，在國外念不需要出勤率的私校，混一張文憑。畢業後跑去車行賣車，靠一嘴沒接受過正統教育的野英文，今天去毛利人家吃烤肉，明天請老外到家裡吃火鍋，賣車的時候東一句西一句地和金髮碧眼話家常。半年後，攢夠了一個小小公寓的頭期款。

我問帕斯高：「如果兩個會說英文的中國人，一個英文說得很漂亮，但是沒有內容，另一個英文說得很有內容，但是毫無章法，你會覺得哪個人的英文比較棒？」

帕斯高不假思索地講：「當然是第一個人的英文比較棒，」頓了一下又說：「但人人都會想和第二個做朋友。」

每個學過英文的人，大概都崇拜過這樣的強者，可以背得下來《牛津詞典》的每一頁，不管多複雜的辭彙，都能準確無誤地給出翻譯。我也曾經有過啃單字的經歷，新東方（英語培訓公司）的紅寶書，英語專業八級考試前翻來覆去抄寫三五遍，最後發現，當年背誦書寫無數遍的生僻單字，都不如會唱一首萊諾李奇（Lionel Richie）的歌來得有意義。

思維比形式更重要，文化比表達更有用，這是多年前在電視機前捧腹大笑的小女孩，所沒能領會的。

（五）

剛到國外的時候，我住在一戶外國人家，每天六點半準時做晚飯，蛋炒飯或是水煮麵拌辣白菜，有時還配著老乾媽。終於有一天，當我第三次燒焦了皮蛋粥，房東連連搖頭，說：「到了這裡，就該適應西方的文化，這裡不是中國。」於是他們熱情地拿出乳酪、馬鈴薯泥、義大利麵招待我，半個月後這些東西都囤積在我的腰圍上。

後來我又回歸了水煮麵拌辣白菜，心裡卻悄悄發生了變化。我不再拿華人超市門口免費的中文報紙，而是在 Dairy Shop 買英文報紙，看新聞也看明星八卦，認得了 Lorde 的歌聲也知道了 Len Brown 的醜聞；我嘗試把風景照發去英文雜誌社，兩個月後收到樣刊，尾頁就登著我豆腐塊般小小的投稿。

我和陌生人打招呼，到咖啡館豎著耳朵聽人聊最新的電影，和在公車站等車的小洋妞聊天，也請毛利人鄰居到我家喝啤酒，這世界有那麼多的不同，每一個見識都像一場旅行。

有時看著身邊走過的十六、十七歲的中國孩子，心裡非常羨慕，這麼小的年紀就能夠到外面的世界看一看。可是，這群正青春的孩子們，有相當一部分人，整天交中國朋友，玩中國遊戲，聊中國的音樂，八卦中國的娛樂圈。我嘆氣惋惜，多麼好的青春，辜負了一場異國的生活，身體能夠幸運地來到外面的世界，為什麼卻要在心裡豎一面高牆？

很久前在網路上看到一則笑話，網友說剛出國在語言學校補習英文，跟老師請假後去 Job fair（就業博覽會）。回來老師在班上問如何，她想說太多老外，答：「Too many foreigners!」老師說：「You are the foreigner in Canada.」

我一直沒有把它當作一個笑話，這更像是一個真實的諷刺。脫口秀之王黃西在美國畢業後找工作的時候說：「我那時才意識到，我還需要申請綠卡。我當時非常氣憤，因為我們這些移民，還要花這麼多其餘精力在勞動力市場和美國人競爭。」可是很多年後，他登上了一個舞台，在明星和副總統的面前說笑話，拿歐巴馬開玩笑，他的英文一點都不道地，卻讓在場的所有人都笑翻。

我又想起某個冬天的乳酪、馬鈴薯泥和義大利麵，奶香和番茄的氣息又在記憶裡瀰漫地散開。

融入異國文化這件事，並不僅僅依靠語言，還有對另一種思維的接納。可是我們黃皮膚塌鼻子的中國人，性格內斂謙卑，身後是五千年的沉重歷史，往往無法從那深厚的文化中一躍而起，用一股勁潛到另一種文化裡。可是既然一心嚮往外面的世界，也有了可以踏上異國土地的能力，那就去打開一場新的認知吧，把這內心文化的交融當作一場海灘上的漫步，面迎朝霞，海邊拾貝，讓隔閡的屏障，慢慢拆，讓文化的滲透，慢慢來。

〃別對這個世界有偏見

感謝這一場跨越九千多公里的流浪，是它讓我消除了對這個世界深深的仇恨和誤解。

很久以前有人問過我，出國這件事，帶給你最大的改變是什麼?

那時的我答不出，覺得有太多的變化，不只顯露在外可以讓人真真切切地看到。那些來自於心理層面的情緒生長，在長年累月的見識下，就像一爿在春日裡攀爬牆壁的藤蔓，來得不聲不響，那是不用力去想就無法用語言形容的一件事。

直到看到網路上論壇裡留學生討論的話題：異國長期生活，對你產生哪些影響?有人說飲食，有人說習慣，有人回答「經歷一場旅行，才發現很多事情只是不同，並無是非」。那時的我才開始靜靜想，出國這件事。它使得我能夠終於宣洩掉無處安放的熱情，也讓我性格奔放身材發胖，讓我體會到生命的另一種狂歡，也打開一扇連結著另一種文化的巨大窗口。可是或許，它帶給我的較深層次的改變，是把我對這個世界的仇恨和誤解，漸漸消除了。

就像我曾經認為，印度人是最骯髒猥瑣的人種。

他們說一口音律混亂的英文，信奉數不盡的神靈，嘴巴裡宣稱著「眾生平等」，心裡卻對三千年不變的種姓制度念念不忘。他們吃氣味濃重的咖哩，手裡抓著僵硬的饢，掌心裡縱橫開的紋路，是淤泥骯髒的色彩。

成年的印度男孩，在荷爾蒙分泌旺盛的夏天，四處去找尋可以洩欲的少女；貧窮人家的女兒，穿越一片樹林去上廁所，很可能就成了他逃不走的獵物。他把她的脖子拗斷，埋在那片草叢裡。他不怕她父親呼喚的聲音從遠處響起，因為這是一個貧窮有罪強姦無罪的國家。

一條橫越北印度平原兩千五百多公里的恆河，養育著這片土地上超了載的人口。垃圾密集地浮在水面，發出腐臭的氣息，枯瘦的婦人們蹚在河水裡用最原始的方法洗衣，天黑時，孩子們從裡面舀上幾瓢水回家煮飯。在那死寂昏暗的恆河下，藏著夜祭後無處安放的千萬具屍體。

可是後來，我卻認得了這樣的印度人：他們穿戴整齊，男人頭頂纏著頭巾，女人身披紗麗額頭綴上一點紅，有教養的小孩和我們一樣，在任性和撒嬌的年齡裡學會了說「請」和「謝謝」。十平方公尺雜貨店的老闆，在遞給我的塑膠袋裡，熱情地裝進一把糖果；一同上課的同學，拿出自備的午餐，慷慨地和我分享；我的印度鄰居，是一對平凡的小夫妻，來自印度北方的省份，他們把大部分的時間放在工作上，剩餘的日子裡宴請朋友，送給我的印度糕點和每週六晚響起的音樂告訴我，這是一個熱情的民族，他們伸出手，友好地用中文腔調說「你好」，手掌心裡延伸開的紋路，雖然黝黑，卻並不骯髒。

我曾經認為，日本人是最面目可憎的民族。

他們從一個渺小的島國而來，是戰爭中喪盡天良的魔鬼，單在南京進行長達六個星期的大屠殺，就槍殺活埋掉三十多萬的中國人。殘暴的日軍，恬不知恥地用報紙記錄著殺人競賽，於是那些無辜的同胞們，被敲碎腦門，被扭斷胳膊，被尖刀刺穿肚皮，鮮血噴在日軍的軍裝上，氣息微弱，眼睛卻還怔怔地留戀著這片土地。

日軍掠走圖書，燒掉村落，踢開鄉親的木門，把少女和老婦糟蹋，不顧老父親的哀求和告饒。我們還來不及繁榮的土地上，到處是含恨的孤魂，鮮血在屍體下凝結成暗黑色的痕跡，那是復仇的符號。於是我們的歷史課本上，總是有這樣的畫面，留著小鬍子的日本人，一臉凶殘的模樣，舉起尖刀，刺向懷抱幼兒苦苦求饒的中國母親。

可是後來，我也認得了這樣的日本人：二十幾歲的年輕男孩，筆直地站在日本餐館裡，畢恭畢敬地鞠躬問好，一隻手拿著菜單，一隻手為客人引路，很有素養；曾經住在同一個屋簷下的日本女孩，在便利店上班，常常帶給我一份免費的便當，休息日又抱走我的床單拿去清洗，她說她對歷史感到抱歉，說我很像她的妹妹，希望我們能夠成為朋友。

我也遇到了這樣的老人家，他們已年邁，唯一的願望，是可以結伴去中國的東北看一看。在那戰爭的年代裡，他們是軍官父母身邊依附著的幼童，不懂炮火硝煙的意義，只記得和中國的小夥伴在院子裡玩耍的場景。他們仍能結結巴巴地說出幾字中文，靠那些重返遙遠的記憶。拋去歷史那一端的仇恨，這一代的他們不再是可恨的民族，是和我們一樣有血有肉的塌鼻子和瞇瞇眼，一樣地熱愛這世界可貴的和平。

我曾經認為，歐美人是最虛偽也最為小氣的一群人。

他們擁有全人類最好看的臉龐，卻從那雙帶著色彩的眼睛裡透出一股收不住的傲慢。他們喜愛責難來自拉丁美洲落魄的難民，也看不起唐人街黃臉龐扁鼻子的中國人，明明前一秒還在宣稱和平，下一秒就把戰爭的旗幟插在手無縛雞之力的落後小國。他們也小氣得可怕，剛剛還向朋友炫耀自己重金購來的保時捷，卻在之後的午餐提出了ＡＡ制（各付各的）。

譚恩美的《喜福會》裡，這樣寫道：作為中國人的麗娜一心想融入美國文化，嫁給一個美國人，她的丈夫聲稱要事事平等，甚至對買冰淇淋這樣的小事都提出費用平攤。而我也聽說，有個中國美人遠嫁異國，她床頭那端的檯燈壞掉，丈夫冷冷對她說：「請你盡快付錢修好它。」他們的小氣和虛偽，沒有中國人迂迴的圓滑，是牽扯到利益就能夠撕破臉皮的那一種直接。

可是後來，我卻認得了這樣的外國人們：我迷失在回家的路上，在相似的幾條街上徘徊不安，夜晚的樹影鋪滿路面，那顫顫的幽黑一簇追著腳尖。最後是一輛上世紀二〇年代的老爺車為我停下來，裡面一對年過六旬的白人夫妻載我回了家，贈我一個手電筒，揮手再見的時候跟我講：「很高興是我們送你回家，而不是別的什麼人。」

我的老鄰居克雷斯，經常在番茄最貴的季節，摘一籃子溫室裡的果實放在我門口的石階上；約我去吃飯的年輕小伙子，也沒有在結帳的時候對我講「請支付你的那一份」。他們並不是冷血的民族，那層不一樣色彩的皮膚下，流淌著全人類共有的熱情與善良。

每一種文化的根基裡，都存在對另一種文化的偏見，幸好可以靠旅行去瓦解消除。而我想，一個人成長的標誌之一，大概就開始於接受世界的不同，承認別人的強大，能夠跳出陳舊的偏見，去客觀感悟判斷。我要感謝這一場跨越九千多公里的流浪，是它讓我消除了對這個世界深深的仇恨和誤解，讓我越過那骯髒不堪的一面，看到另一面的和煦美好，成全我與世界一次真摯坦誠的相愛。

寂寞的良心

我只是哭泣，這個世界上，為什麼會有人那麼懂得利用他人的苦楚。

（一）

前幾天在微博上看到這樣的話，感觸很深。

當被問到移民的理由時，劉太太說：「我寧願把他送到英國去。我並不指望他能上牛津、劍橋，我就是希望他能回到我小時候那樣子——上下學自己去，走幾條馬路就到學校，遇見陌生人也不害怕，不用家長去接，路上沒那麼多汽車，汽車知道避讓行人，不用給老師送禮拍馬屁，就這麼簡單。」

我忽然想起國中的時候，每天上學要走十分鐘的路程，穿過幾條馬路。其中有一條橋下的路特別擁擠，每次走過的時候都有汽車不斷轉彎過來，於是背著沉甸甸書包的我，站在原地焦急地跳腳，把一個又一個綠燈等紅。

那個時候，每天清晨最單純的夢想，就是有一輛車，肯善良地，為我停一下。

後來長大了，念了高中，坐著公車去上學，下了車依舊是一條車來車往川流不息的路。沒有紅綠燈也沒有交警，往往才走到中央，左面駛來一輛急速的公車，右面駛來一輛趕路的小轎車，兩車交錯著，我被夾在中間，聽車子呼嘯而過的聲音，哆哆嗦嗦，進退不能。大學入學考前的一天，因為遲到了而急匆匆地跑下公車，橫衝直撞地過到馬路中央，一輛不起眼的車停了一下，為我讓了路。

那時起，每天過馬路時最溫暖的夢想，就是以後有了車，要善良地，為別人停一下。

（二）

大二時的暑假，我去一家補習機構做英文老師，教的是七八歲孩子。雖然只是關於簡單英文的教學，三尺講台簡陋得不太像樣，可我依舊抱有虔誠的心態，並且一度認為，所有被孩子們親切稱為「老師」的人，都會全身心地投入到這份神聖的事業中去。

可是當我在備課之餘，到別的教室向講課的老師學習授課技巧時，竟然發現那些簡單的英文會被賦予如此可怕又錯誤的發音。

這些拿著教鞭、心不在焉的老師們，大多是補習機構從社會上招聘來的自由工作者，沒經過任何英文等級的考評，水準極為業餘。悶熱的教室裡，七八歲的孩子們，眼睛裡盛滿對知識的渴望，一個個搖頭晃腦地重複著老師的錯誤，而坐在最後排陪讀的家長們，拿著本子把一個一個字母小心翼翼地寫下來，眼裡是那麼的信任。

補習機構的創辦者，是個習慣蹺著二郎腿，在門口搧扇子，懷著戒心打量來往路人的中年婦女。她總是一副眉心緊鎖的模樣，一邊拿著計算機，一邊毫無顧忌地抱怨著，「某某某怎麼還不交學費」「這個地方租金下個月又要漲了」「你跟那個誰的家長建議那個課程，我看他家挺有錢的」。她的臉頰，層層褶皺如漩渦般凹陷下去，似無底的黑洞，稍稍靠近便可嗅到貪婪的氣息。

臨近結業的時候，她很滿意我的認真，問我是否可以留下來教高中一年級的學生，我看了看教材，十分懷疑自己的能力。她看不懂我的猶豫來自何處，不停地和我說薪酬好商量。我沒有點頭，我聽見我的良心在說不可以。

簡陋的補習機構，伴著風扇嗡嗡聲傳來的並不準確的英文發音，與一根隨意指向孩子頭頂的教鞭，還有一些時不時傳到耳朵裡「哎，我要再教幾個學生才能買到那件衣服」的聲音，組成了那個夏日裡最不快樂的回憶。

而我至今在心裡為那裡留下一席之地，並不是因為其他的什麼原因，而是陪讀家長們那誠摯的目光，以及一個八歲孩子幾個月後發來給我的教師節祝福簡訊。他說，謝謝老師。

（三）

我的青春期來得比較晚，消受的時間也格外長。當周邊女孩的成熟緩緩開作一縷風姿的時候，九頭牛也拉不回頭的頑固就成了我唯一的修飾。大學畢業後的我執意遠走他鄉，懷揣一個生根發芽的夢想，來到南半球這塊土地。

我的第一份工作，是在一個華人老闆經營的咖啡館做服務生。咖啡館地處熱鬧的商場進入點，不管晴天雨天永遠顧客滿盈，闊氣又精緻的店裡只有兩三個和我一樣年紀的女孩招呼顧客，每天從早上八點忙到下午五點，中午只有十五分鐘吃飯時間，而老闆娘付給我們的薪水，卻只是法定最低工資的一半。

那時的自己，剛剛在這陌生的城市落腳，租住的房間在一層，潮溼陰冷，陽光是從不光臨的客人。我沒有冰箱沒有電視也沒有什麼娛樂設備。為了攢下第二年去讀書的錢，我全部的生活，除去工作，就是躺在那張乾乾淨淨的單人床上，看堆在床角的幾本勵志書。

我開著一輛一千塊錢買來的N手車，前車主不放心地叮囑我說，這車況不算太好，你一個女孩子開不來就再拿給我。我就是坐在這輛漏風漏雨車門又壞了一個的小 NISSAN 裡，每天開半個小時去咖啡館上班，一邊聽著收音機裡嗞嗞啦啦的音樂，一邊為意外做出無數種心理準備。

我從不吃早餐，只為等到中午可以吃免費的員工餐。我的晚飯，是從華人超市裡買來的泡麵，五連包的包裝，遇上特價只賣一塊七毛九紐幣（約合人民幣八塊），省著吃可以吃三頓，吃膩了就再換個口味。

我的生活似乎從來沒有如此窘迫過，時常在超市拿了一瓶可樂猶豫了幾秒鐘又放回貨架上；心愛的雜誌在手裡翻來覆去看了許久，直到被老闆投來質疑的目光；商場裡新上架的裙子漂亮得那麼耀眼，我卻看也不敢看一眼。一個知識分子，只不過坐了十幾個小時的飛機，再到達這個城市的時候，就一下子從雲霄墜到了生活的最底層。

咖啡館的老闆娘，招聘的服務生都是認認真真的女孩子，抱著純真的留學夢、移民夢或是闖世界的漂泊夢。

她給我們許下很多保證，薪水是會漲的，工作簽證是會給的，只要你們好好努力。可是當每個人都腳踏實地、心無雜念地拚命工作時，卻彷彿永遠無法令老闆娘滿意。她信佛，流連寺廟，熱愛燒香，但每次當她對著可憐的女孩們毫無理由地破口大罵，或是對我們廉價的鞋子冷嘲熱諷時，我看到的是她手指上幾個黃燦燦的金戒指、手腕上限量版的卡地亞鐲子，還有身後那台新款的紅色BMW，那麼刺眼。

後來店裡的女孩們有人簽證到期，老闆娘不願給續簽；又有女孩懷孕了，老闆娘沒有信守許諾的假期；也有女孩工作出了小小差錯，被老闆娘罵出門。這些女孩帶著破碎的夢想，不知去了何方，而我也在找到了正規的工作之後，離開了那裡。

在辭職的那個夜裡，我躲在被子裡哭得泣不成聲。我沒有為那些拿在手裡又放回貨架上的可樂而哭，並不為了買不到的雜誌和漂亮裙子而難過，也沒有傷心我吃了那麼那麼久只賣一塊七毛九的泡麵。

我只是哭泣，這個世界上，為什麼會有人那麼懂得利用他人的苦楚。

（四）

是從什麼時候開始的呢？這個世界以前所未有的速度發展著，沒有人肯慢下來聆聽心的需求。城市間的人群，在晝與夜的飛速交替中奔走，眼裡盡是漠然。我們生存的這顆原本善良的星球，每天上演著的戲碼，是為了利益不惜拚個你死我活，是對小人物的壓榨剝削，是虛榮勢利不肯為他人著想，是無良奸商昧著良心銷售的殘次品……

二〇一四年的這一天，窗外的燈光熄滅了最後一盞，只有星辰和我還不肯睡去。在這個寂靜而又漫長的夜晚，會不會有人被枕間莫名的聲音驚醒，輾轉反側，久久無眠，而他或她又是否能夠懂得，黑暗裡並沒有什麼鬼神，那聲落寞的嘆息，只是被擱置了許久的，寂寞的良心。

假使明天我死去

開始學會敬畏生命，感悟它的頑強，也更加領悟其脆弱的那一面。

幾年前一個雨夜，朋友出了車禍，肇事地點在圓環的進入點，因為某個司機的粗心駕駛，以七十公里的時速撞到等待進入圓環的朋友。

朋友的車轉了幾圈，飛出去一般地撞上迎頭開來的另一輛車。我趕去的時候，他已經躺在救護車上，虛弱得像一灘爛泥。路邊停放的車子慘不忍睹，駕駛座的位置徹底凹陷進去，肇事者懊惱地蹲在一邊，看向眼前的一團爛鐵。

所幸，朋友除了額頭被安全氣囊擊傷，其他看似並無大礙。在去醫院做檢查的途中，他驚魂未定，像宣布遺言一樣拉著我的手說，我喜歡你好久了。

後來我們並沒有在一起。出院後他的性格大變，整個人都開朗許多，彷彿從曾經那個拘泥於瑣事煩惱中的軀殼脫離，全身心地致力於生活的快樂。他不再捂緊錢包，開始了計劃了幾年也沒去成的世界之旅，寄給我們大把的風景明信片，帶著不同國度的郵戳，每一張都寫有他認真的問候。

一年後他又回到我們之中，氣色狀態極佳，皮膚是健康的小麥色，談吐活潑又幽默。身旁有一位可愛的小妞，美麗的樣子正配他。我從未和他再提起當年那段往事，想必那時候救護車上的表白，只是怕生命戛然而止，假使明天死去，一切都不再來得及。

二十歲之後，開始被迫了解死亡。快節奏下的生活型態，欲望和恐懼交雜的城市裡，到處都有生命隕落的聲音。

華為公司二十五歲員工胡新宇因過度加班，心力衰竭而亡；浙江電台二十五歲主持人郭夢秋在家中突發心肌梗塞去世；即將步入婚姻殿堂的二十四歲淘寶美女店主，在睡夢中永遠地離開了這個世界……年輕而鮮活的生命，因為承受了太多的勞累、壓力、焦慮以及更多，在一顆流星隕落的時間裡，生命隨之而去。

二〇一一年，三十二歲的復旦女教師于娟因晚期乳腺癌逝世，在經歷了乳房切除、化療，以及心理層面的艱難抗爭後，她還是留下深愛的丈夫與兩歲的兒子，獨自踏上了一場黑暗的路途。她於彌留之際在部落格裡寫下的文章，一篇〈為啥是我得癌症〉，是她對生命的總結：「我從來不認為有什麼不好，後來生病才不得不承認，自己的性格不好：我太過喜歡爭強好勝，太過喜歡凡事做到最好，太過喜歡統領大局，太過喜歡操心，太過不甘心碌碌無為。得了病我才知道，人應該把快樂建立在可持續的長久人生目標上，而不應該只是去看短暫的名利權情。」

她告誡健康的人，珍惜當下的時光，「你會發現，任何的加班，給自己太多的壓力，買房買車的需求，這些都是浮雲，如果有時間，好好陪陪你的孩子，把買車的錢給父母親買雙鞋子，不要拚命去換什麼大房子，和相愛的人在一起，蝸居也溫暖。」

二〇一五年初，當人們還沉浸在音樂家姚貝娜戰勝乳腺癌涅槃重生，追逐夢想的勵志故事裡時，這顆剛剛在舞台上升起的星辰就墜入了無邊的黑暗。

在她臨終前錄製的一個影片中，她說：「我的病就是在我那段極度鬱悶的時期得的，在你特別鬱悶的時候，它一定會找一個出處，要麼身體出現問題，要麼精神出現問題，所以人一定要想開點。世上的事情，除了生死，都是小事！想說什麼就別藏在心裡，想做什麼就去做，不要等到真的沒了機會再去表達和實現。人，活著就是一種心情！」

在死亡面前，當事人忍痛把經歷拿出來和大家分享，人們會奉上無盡的同情，但很少有人會停下來認認真真地來一次換位思考。

如果現在躺在病床上的人是你，毫無反抗地被裝進病人服，眼睜睜地看著虛弱的生命從插滿身體的導管裡緩緩流走，還要在切除乳房、進行化療的痛苦和家人強忍眼淚的期盼裡，勇敢地為生博得一場希望，這時你的心裡會飽含怎樣的情緒？你會開始算計前半生有多少錯過的遺憾嗎？你還會為和對手的一次爭吵耿耿於懷嗎？你還有多少夢想沒來得及完成，卻和生命在同一條戰線上疲憊地喘息？

這讓我想起自己的故事。

二〇一二年的冬天，我成了朋友口中那個「意志力很強很強，生命力卻很差很差」的人。為了每週能夠多收到幾張來路清白的鈔票，那一段時間裡，我每天工作十幾個小時，在學校自習室和打工餐館之間頑劣地穿梭，精疲力竭，滿臉慘白，毛衣上永遠沾著洗不淨的油煙味，一面為了拿到B的成績鬱鬱寡歡，一面為了顧客的抱怨耿耿於懷。

疲憊讓我沒辦法對世界單純，我的好勝心讓我變成一個裝滿仇恨的人，血液和呼吸裡，流動和消耗的都是不開心。

於是終於在某個寒冷的夜晚，我從胸口的窒息中醒來。雙臂麻木，視線模糊，哮喘般地渴求空氣，心臟劇烈跳動快要衝出喉嚨，我掙扎著起身，看見鏡子裡自己紅腫著的左眼和鬼一般的神情，那一刻不禁為意外做出最壞的猜想。

第二天從醫生那裡接到體檢報告，他責罵我對自己太不負責任，因為長期對飲食毫不講究又缺乏規律，我的貧血程度已經威脅到了心臟健康，治療迫在眉睫。他憂心忡忡地為我開好處方，叮囑我一定按時吃藥，三個月後再來複診。我拿著處方去兌換了幾瓶救心丸和補鐵的小藥片。

走出藥房正對上正午的太陽，天哪，我究竟多久沒有靜靜地走在溫暖又明亮的陽光裡了？我閉上眼睛，感受它的溫度，眼角流著淚，活著真好。

於是忽然間釋懷那些拚命想拿A＋，為了一個B和自己賭氣的時刻；也可以原諒，尖酸刻薄無故亂扣工資的老闆娘；我甚至覺得，那個圍著我死纏爛打的男孩子並不是一無是處；上週剛剛被警察開出的罰單，也不再那麼面目可憎。我的生活，其實還不算太過糟糕，雖然打工累得如同牲口一樣，房東總是在監視著我的一舉一動，有無數的帳單要在月底出現在信箱裡，舊的煩惱還沒解決，新的問題就蜂擁而上，但是你看，我還活著，活著就有希望。

我多麼年輕，還有那麼多的事情沒有完成。我想和蘇珊學做甜點，我想在家後面的院子裡種上蔬菜與鮮花，我想寫一本書，我想去好多好多地方旅行，我想買一個大書架塞滿我喜歡的書……人需要為生命尋找一個情緒的出口，用健康的身體和快樂的心態置換一份長久的努力。

幾個月後的假期，我花巨款買了心儀許久的相機，訂好了機票，飛去幾年前就想去的皇后鎮。我住進湖畔邊的酒店，沒有苛刻地要求自己六點必須起床。我睡到正午陽光剛好，坐在四樓的露台上喝蜜桃味的伏特加，不戴墨鏡也不去遮陽，就那樣赤裸著雙臂，瞇起眼看湖面上細微的波動，陽光在身體上留下曬痕和斑點。

我在微醺裡逛遍每一條街，和櫻花樹上蠕動的昆蟲合影，對每個路過的陌生人招手微笑，在金髮碧眼的流浪歌手面前為聽不懂的音樂鼓掌。

逛累了就隨意推開一扇酒館的門，點一份肥膩的食物，配最大杯的啤酒，和鄰桌絡腮鬍子的壯漢暢飲，為他唱跑調的愛爾蘭音樂乾杯，也為了這鮮活的生命致敬。

假使明天我死去，那麼今天，就讓我以這樣的方式度過。讓我脫掉對抗生活的鎧甲去擁抱生命吧，讓我去完成那些拖沓許久的事，讓我為一朵花一株草一束陽光停下來，也讓我為陌生人帶來快樂和感動吧。

從皇后鎮飛回奧克蘭後，我去二手市場買了個大書架，用搜集來的新書舊書漸漸把它填滿。在後院種上菠菜生菜青花菜，專心觀察植物的生長，我邀來蘇珊，她不只教我做戚風蛋糕，還教會我煲湯。

我的生活依舊繁忙，所有曾經讓我苦惱的事情並沒有消失。可是當我再次穿上那件滿是油煙的毛衣，從信箱裡取出這個月厚厚的一沓帳單，銀行戶頭還剩餘二十三塊五，正走在去餐館打工的路上時，我看到海鷗在路邊歡快地搶食，我看見路邊的情侶在親吻，我看見這藍天下所有細小的溫暖和快樂。

南半球十月的陽光下，到處響起萬物復甦的細微聲響，我是多麼貧窮，可又是多麼富有。

那一年的新年，天空下人們的狂歡和從前保持著一致的頻率，我不再是煙火下擁擠人群裡的一員，情願在家中做幾件日常的瑣事。我第一次沒有把新年計劃納入慶祝跨年的一部分，卻在心裡活得明明白白，我的青春已經度過了一半，沒權力再把人生當作胡鬧的消遣。那些在腦海中閃現的想法，每一個都有被值得實現的權利。

我開始原諒時光的無賴，接受舊的問題總是會出現在新的時間裡，卻不願再做仇恨的好戰分子，這即將到來的一年，不管有多麼光鮮的開始，也一定有雪片般的帳單、難纏的戀情、數不清的問題飛進我的生活裡，那也沒什麼關係。只要活著，就有解決的方案，我要把我的努力投身於快樂的時光裡，才不要把它們白白扔進仇恨的火海裡。

二十歲之後，開始學會敬畏生命，感悟它的頑強，也更加領悟其脆弱的那一面。如果上天決定不給我明天，那我只能把今天過得好一點。

〃我是個好人，為什麼卻不幸運

人為善，福雖未至，禍已遠離。

半年前朋友把報紙上的新聞拿給我看，每週三是開獎日，那一週的一等獎累積到了九百萬紐幣（合人民幣四千多萬元），附贈一棟豪宅一艘遊艇，還有紐西蘭全國人民的羨慕和嫉妒。

朋友酸酸地說：「知道誰中的獎嗎？」我搖搖頭，看他嘆氣，半晌才理我：「這個中獎的人，十年前我和他一起共事，參加公司派對的時候，他偷錢被我當場抓了現行，後來因為挪用公司財物，被老闆開除，沒想到在新聞上看到他了……」

這個年近四十的男人，坐在沙發上喝著廉價茶，家居服的扣子掉了幾顆，襪子也露著洞，家中的鍋碗瓢盆都是兩元店的便宜貨。

他用一種無法隱藏的受傷表情望著我，我能夠洞察他的心思。一個公認的好人，為什麼上天卻捨不得給他一些運氣？這個落魄的男人，曾經也是心懷夢想的青年，多年辛苦創業終於成為老闆。誠實可靠，受人敬重，凡事親力親為，對待員工和對待家人一樣。小公司利益很薄，年終獎金卻是厚厚的一疊。可是靠實力和精力打下的半面江山，幾年前被一場婚姻騙去大半。如今身邊只剩餘瀕臨倒閉的公司，員工只有忠實的祕書麗莎，他幾乎給不出她的薪水。眼下住著的房子房租上漲，下週就要考慮搬家。

曾經年輕有為的小老闆，現在要靠一張彩券來搏人生的輸贏，我讀得懂這份失落的心情。他帶著對惡人淡淡的譴責，這是作為好人的無奈。

《易經》中寫道，積善之家必有餘慶，積不善之家必有餘殃。可是，隨著生活平面的延展，我遇見了很多遭遇車禍、染上絕症、被欺騙被辜負的人，他們都是心懷溫情的好人，卻沒有得到應有的運氣，而坑矇拐騙、滿嘴謊言、投機取巧的惡人，卻活得風生水起。這樣聽來或見到的故事，常常讓我失望至極。

看著彩券新聞的那一頁，我也在心底打著小小的算盤，九百萬紐幣，多麼壯觀的一筆數目。如果降臨在我上週買的那張彩券上，就可以讓我毫不手軟地購置一棟山間的小房，有青山和流水相伴，遠離聒噪的世事，能夠安心地寫書。看窗外的朝陽和落日，和綠林裡的鳥雀做伴，靜靜看纏繞在柵欄間攀爬的瓜藤，不必理會時間的去留。

我要把剩餘的錢老老實實地放進銀行裡，靠每個月巨額的利息，去告別如今每週五十個小時的工作量，告別在傍晚的塞車高峰裡和狡詐的紅燈四十秒鐘的較量，告別提著的從亞洲超市裡排長隊買來的促銷食物，告別每晚趕回一間房東不許進行任何改造的住房，在燈光暗淡的廚房裡煮飯洗碗的生活。

我曾經做過很多發橫財的白日夢。

住在陰暗潮溼的出租房裡，每天要為生計掙扎的時候，我從每週不多的工資裡抽出一些去買彩券，用二十塊錢買個短暫的希望，除了第一次中了二十七塊，剩餘的都血本無歸；我也參與兩塊錢的刮刮樂和超市的抽獎活動，沒有一次能帶給我中獎的驚喜；我甚至還壯著膽子去賭城小試了幾下，別人用十塊錢贏了一千三百塊，又用這一千三百塊贏了兩千塊，而我的十塊錢兩分鐘就花乾淨，呆呆地擠在人群裡看別人下注。

有人運勢正好，轉過頭來讓我幫忙下注，結果輸到慘痛。那人苦笑地看著我：「你那對大耳朵真是白長了，怎麼一點運氣都沒有啊！」

是啊，我明明是個誠實善良正義凜然的人。在愛情裡甘願犧牲自我，友情上肯為朋友兩肋插刀，對長輩盡孝道對晚輩有照料，工作上認真負責，生活裡積極向上，遇見惡行伸張正義，看到弱小全力幫助，可是這樣的我，彩券沒有中過一次。

犧牲自我的愛情最終遠離，常常遇上黑心的老闆把我剝削乾淨，車子開在高速公路上差一點被醉酒的司機撞翻……我是多麼的不幸運，以至於常常喪著氣想，《易經》中說的積善之家必有餘慶，積不善之家必有餘殃，大概只是當初維護國家秩序的工具，可又或許，我的幸運，蘊藏在另外的事情上？

有一天我接到一個電話，是一個陌生的號碼。那端是年邁的聲音，帶著興奮的鼻息，「楊子，大爺總算找到你了，我和你大娘去你打工的超市多少回了，你都不在。在那兒上班的小丫頭都不知道你去哪裡了，最後從你老闆那兒要來的你的電話。你還是那麼忙嗎？讀書怎麼樣？身體好嗎……哎，大爺炸了點黃花魚，你住哪兒？我騎車給你送過去……」

聽著熟悉的聲音，我的記憶，在腦海中向後穿梭，被拉回幾年前的一段時光。

那時我在一家亞洲超市打工，從老闆到員工都很苛刻。

老闆看到員工稍不順眼就厲聲喝斥，一起打工的女孩子自小作為難民從亞洲的小國移民這裡，長期的國外生活使她們態度傲慢，對於我的到來，非常欺生。這種孤立並沒有影響到我的勤奮，我包攬了別人不願意做的髒活累活，和難搞的顧客打交道，幫著行動不便的老人挑水果扛大米，也就在那時候遇見了八十幾歲的天津老大爺。

因為語言的障礙和嚴重的老花眼，大爺常常拿著一串長長的購物單，在狹窄的超市過道中流連，卻一件東西都找不到，我主動幫他找六必居的芝麻醬、海天的醬油、李錦記的燒烤醬，還有各式各樣的小零碎。

大爺常常對我講：「姑娘啊，原本大爺來這兒買菜，一買都要買上一個鐘頭，都沒有人肯理我呀……」因為這份感激，大爺待我如孫女一般，把家裡的閒置自行車拿給我騎，時常在下午來超市把糖豆塞在我手裡，過年時邀我去家裡吃餃子，和他的兒女子孫聚在一起……一個毫無血緣關係的老人，能在失去聯繫的幾年後依舊記得「沒良心」的我。我的眼睛溼溼的，這是何等的幸運。

細細回想，這樣的幸運，在很多孤苦伶仃獨自奮鬥的日子裡，頻繁地發生。

在餐館打工的時候，老闆的阿姨時常在繁忙的用餐尖峰跑來幫忙，看著我穿梭在顧客間忙得跳腳和洗碗洗到脫皮的雙手，總是心疼地在我的員工餐裡偷偷加上一點好菜。辭掉那份工作時，她把一份紅包偷偷塞進我的口袋，跟我說：「別太辛苦，對自己好一點啊！」

在咖啡館打工的時候，客人把錢包忘在桌子上，裡面裝著足夠我三個月的薪水，我毫不猶豫地追出去好遠好遠。客人緊緊握著我的雙手，不停地感謝，留下我的電話號碼，並且一直保持著友好的聯絡。後來我搬去另外一個城市，人生地不熟，一切全是摸索與挑戰，這個客人的一通電話就成全了我在那裡的第一份工作。

租房子的時候，房東因為我每週主動打掃整個房子的環境，慷慨為我減去部分房租；去門口水果店的時候，因為一次幫忙搬貨，熱情的老闆娘總是在我的袋子裡多裝進兩個大蘋果。過春節的時候，常常會在深感寂寞的那一刻聽到電話鈴響：「快來我家吃餃子呀……」我也會在聖誕節的時候收到遠方寄來的明信片，失聯多年的老友感謝我在上學時候對她的照顧……

我曾經覺得自己是個多麼不幸運的人，天降的橫財、不變心的愛情、唾手可得的工作機會，都沒有降臨到我身上，也親眼見到內心善良的人，並沒有在生活裡得到太多的福運。

可是，人為善，福雖未至，禍已遠離；人為惡，禍雖未至，福已遠離。

上天令你成為善良的人，已經是莫大的運氣，而這些來自別人的熱情，也使我開始堅信，上天注視著你的善行，在安排另一些好人和你陸續地相遇，這種緣分，就是更好的運氣。

幾天前看到電視上的一檔專題節目，講述中彩券家庭的生活現狀，他們並沒有人們預期的那樣風光瀟灑。我忽然想起半年前和朋友談論的彩券事件，打電話給他：「嘿，那個中彩券的人現在怎麼樣了？」

朋友說：「一、他醉酒後把心愛的瑪莎拉蒂撞到電線杆，人差點掛掉；二、他在海邊買了一棟豪宅，房主要價一百二十萬，他出價一百四十萬；三、他炫富得罪了一伙人，聽說最近要聯合起來教訓他。」

這和電視上的節目沒有什麼出人意料的不同，我迅速對這段故事失去興趣，開始關心起朋友的現狀：「你最近怎麼樣啦？」

他沉默了幾秒，笑著說：「公司保不住了，但是我和麗莎要訂婚了。」

天哪，誰都知道麗莎是個美貌的好女孩，熱心又善良，當年有多少男人看她直了眼，如今卻偏偏死心塌地要嫁給落魄的窮老闆。

我心頭一熱，感慨萬千：「你這個幸運的傢伙啊！」

我們都笑了。春天的午後，陽光多好，風從門縫裡鑽進來，搔得人脖子裡癢癢的，這一刻沒有人再去在意那張九百萬紐幣的彩券了。因為我們經歷過重重的艱難，終於領悟，能成為一個好人，已經是一生的福氣，又能和生命中的好人相遇，是更加難得的運氣。好人的運氣，源源不斷，一生綿長。

〓成功是慢慢來的

時間包含一種改變的力量，雖然緩慢，卻有滴水穿石的力度。

曾經一起打工的男孩，立志做一名海外商人，頗為折騰地做過好多次嘗試。比如在夜市擺過攤，販賣從中國拼箱海運來的手機殼，五塊錢人民幣的成本賣到十五元紐幣，除去用來貼補運費和攤位費的那小部分，還剩餘可觀的一筆。

可是幾個月後他卻捲了鋪蓋不做了，他說：「媽的，幹這行的太多了，生意全被搶沒了！」

後來，他又租來一輛小型卡車，四處推銷產品，沒多久又開始抱怨：「天天熱死了，還賺不了幾個錢！」

前一段時間，他突然把工時辭去大半，神祕兮兮地跟我揮手告別：「哥要去創事業了，等我發達了一定忘不了你。」

可幾週後，他低垂著腦袋，重新出現在我的身邊，哭喪著臉：「賠了，全賠進去了，五千塊紐幣全被騙光了！」

記憶中的他，年輕氣盛，浮躁張揚，熱愛嘗試卻又懼怕失敗，以為人生總會是一帆風順，不明白為何總是在生活裡跌倒。他一邊揚揚得意地對我講，我要做一名成功的商人，一邊又咒罵著「來錢的路怎麼沒有一條是快的」。

我想，他可能沒聽過這個故事。

一個出身普通的男人，曾經為大學重考三年，參加過三十多次均以失敗告終的面試，做過祕書，當過搬運工，也蹬著三輪車替雜誌社送過書。

他三十一歲時辭掉教師的工作獨自創立翻譯社，營運艱難，後來在一次出國時萌生了推出中國黃頁的想法，卻被很多人當作騙子。

三十五歲時，他決定創立一家電子商務公司，本錢卻只能靠大家集資，三十五個人擠在一個房間，他要借貸才發得起薪水，要每天十六個小時馬不停蹄地工作，累了睏了就席地而臥。

直到一九九九年，這個彷彿一直都在經歷失敗，又不停在失敗中站起的男人，終於迎來了這家商務公司的問世。

他的成功，從一九九九年商務公司的艱難創立，到二〇一四年在紐約上市，跨越了十五年。他是馬雲。

曾經一起上學的朋友，熱愛舞台的聚光燈，一直有一份導演的夢想。

大學時終於有機會成為藝術學院導演系的一名學生，開始有機會把自己零零碎碎的小想法一一展現。

她把拍攝的小短片拿給同學看，同學說：「這個地方，是不是可以再細化一點？還有這個地方，覺得有什麼不對勁……」

她嘟著嘴不開心，滿腹不滿地想：你又懂些什麼呀！臨近畢業，大家都在忙著拍畢業作品，朋友白天忙著戀愛，晚上才肯花一點時間看看資料。等到作品截止日期臨近，同學已經在忙著做最後的修改，朋友才開始做初期工作，每晚熬到凌晨，堪稱辛苦。

可是最後導師卻把作品歸為不及格的那一類，朋友抱怨：「為什麼別人輕輕鬆鬆就可以得到優秀，我做得那麼辛苦卻還是不行？」

我想，她可能沒聽過這個故事。

一九七八年，一個心懷夢想的年輕人，報考美國伊利諾大學的戲劇電影系時遭到父親的強烈反對。畢竟，在美國百老匯，每年只需要兩百個角色，但卻有五萬人要一起爭奪這少得可憐的位置。

這個年輕人卻一意孤行執意前往，一九八三年起，他度過六年漫長的時間，幫劇組看器材，做點剪輯助理、劇務之類的雜事，常常拿著一個劇本，跑三十多家公司，卻遭受白眼和拒絕。

那時他的兒子已經降生，全家只能依靠妻子微薄的薪水過活，夢想在夾縫中生存，異常艱辛。

二〇〇六年，他指導的電影《斷背山》使他獲得第七十八屆奧斯卡金像獎最佳導演獎。他的成功，從一九七八年隻身一人前往異國的那一刻，到二〇〇六年最終手握小金人，跨越了二十八年。他是李安。

我二十三歲前的青春，都在用很熱切的方式期待著成功。

我相信一步登天、一夜成名、一個跟頭翻上九百里，卻不太肯相信有關堅持的任何觀點。我想不通十年磨一劍，搞不懂不積跬步無以致千里，也瞧不上那些可以長期把精力放在一件事情上的人。

在我看來，青春是一場多麼短暫的劇目，怎麼能夠接受如此荒唐的蹉跎呢？

所以，我的狠心一直比決心要多得多，放肆地在人生裡製造一場場「一步登天」的虛幻。我去減肥，只要有人口氣嘲諷地對我說：「你怎麼胖成這樣？」我就一定要絕食個三天三夜，喝減肥茶喝到心虛冒汗，餓到胃部打結疼痛難忍。寒冬深夜一副虛弱的身體埋在被子裡，掐著手掌心滿心仇恨地回味著瘦子的諷刺。

好像這樣，睡醒時的自己一定會被三天的飢餓折磨到乾癟，再也沒有復胖的危機。

我去考試，考前不眠不休死記硬背，寢室熄燈後像遊魂一般站在洗衣間裡藉著微弱的燈光拿著課本念念有詞，兩天後頂著一張黑眼圈重重疊疊的僵屍臉，在考場上恨不得把裝在腦袋裡的知識一股腦地全部倒在考卷上。

好像這樣，期末成績出來的時候，我就一定能在牆上看見我的名字出現在第一名的位置。

我在課堂上因為一個課程內容的理解不足被老師批評，當天回到宿舍就開始展開發狠的架勢拚命地補習，第二天卻把這件事忘在腦後，悠哉地四處玩耍。

好像這樣，我就能在老師的下一次提問中無所不知，暢所欲言。

一次暑假，我頂著烈日在商場外擺攤賣耳環。三個小時都無人問津，狼狽收攤的時候，一手捲著攤位的白布，一手把成堆的耳環塞進背包裡，遠遠看見同班同學穿著正式服裝從博物館走出來，後面跟著一隊金髮碧眼的外國人。

我一副世俗小販的形象，遠遠地望著一個已經可以靠翻譯來養活自己的身邊同學，心裡焦躁地想：哎，完了，一輩子我都要遠遠地被人甩在後面了！

那時年輕，雖然已經到了法定的婚齡，眼角開始長出細紋，也故作深沉地表達成熟，可是我的心裡還藏著未經歷練的小娃娃，我覺得一時的成功就是一世的成功，一時的失敗就是永遠的失敗；我還不懂時間包含一種改變的力量，雖然緩慢，卻有滴水穿石的力度，也不懂有一種持續不斷的長期性努力，才是決定一個人是否成功的評判標準。

直到真正走出校園，開始一場艱辛的成人之旅。

把身心都暴露在無奇不有的世界裡，遇見一些事相識一些人，我才漸漸體會到，有些人之所以能夠被稱為成功人士，是因為持續多年的努力，使得生命發生從量變到質變的轉換，人生也得到應有的回報，而這份厚重的回報，是朝三暮四的人，在自以為努力的零星付出中所無法得到的。

比如，無所不知的學者，是依靠數年的知識累積才能夠出現在大眾面前傳道授業解惑；耀眼的舞台明星，是憑藉多年的配角姿態才可以一身隆重地走上紅地毯；網路上一百公斤的虎妞蛻變成四十五公斤的淑女，是在長期而嚴格的瘦身計劃下才成為減肥傳奇。

想起畢業前夕，我崇拜的在口譯圈鼎鼎有名的女老師，在講台上回憶起自己剛剛畢業的日子時說：「畢業後我一心想從事有關英文的工作，年輕人機會少，沒有太多好的工作供你選擇，你就要挖空心思地自己找。那時有一份下礦井做翻譯的工作，大家因為環境艱苦，都不想去，只有我自告奮勇地在乾燥的盛夏，每天和老闆坐在升降梯裡下礦井。地面上零上三十度，地面下四十五度，胳膊上的傷口浸潤在充滿細菌的熱空氣裡，長時間無法痊癒，最後腐爛嚴重，可就是靠著這麼一點點的堅持，三個月後得到一個晉升的機會，也是這樣一步步認認真真走來，才到的今天。年輕人，別太急躁，不能踏踏實實做事，就別怨自己心比天高、命比紙薄。」

在很多成功的人裡，我尤其佩服俞敏洪。作為一個從農家考入北京大學的孩子，再從一名普通的講師到創立教育品牌，經歷坎坷尤為勵志。

他在演講時說過，在北大念書期間有兩件事，一直落於人後，第一是普通話不好，第二是英語程度一塌糊塗，直到大學四年級畢業時，他的成績依然排在全班最後幾名。

他說：「我知道我在聰明上比不過我的同學，但是我有一種能力，就是持續不斷的努力。所以在我們班的畢業典禮上我說了這麼一段話，到現在我的同學還能記得，我說：『大家都獲得了優異的成績，我是我們班的落後同學。但是我想讓同學們放心，我絕不放棄。你們五年做成的事情我做十年，你們十年做成的我做二十年，你們二十年做成的我做四十年。』」

二十三歲之後，當我成為一個依靠自己的年輕人，心裡那股浮躁的氣質沉澱下來，漸漸地可以理解這番話背後的堅持和勇氣。

埃及古語說，世界上只有兩種動物能夠登上金字塔的頂峰，一種是雄鷹，一種是蝸牛。同樣，世界上也只有兩種人能夠擁有成功，一種是天賦異秉的聰明人，另一種是資質平凡卻持續努力的普通人。

我想，大概所有美好的東西，孕育過程都十分緩慢。

一隻美麗的東北亞絹蝶最終展翅飛翔，從蛹的姿態，到咬開一條出路而蛻出，需要將近三年的時間。一株珍貴稀有的金琥仙人掌，從播種到開花，需要三十年的守候。

我相信，作為生命中最璀璨的那一刻，成功也是慢慢慢慢來的，它帶著歲月沉澱的風雅腳步，輕輕叩響你的人生之門，只要你用心接待，它就只來不走了。

Chapter 4

那些走得遠的人，從沒有忘記過故鄉

漂泊的日子，讓我對世界的信任所剩不多，我開始對真理有了假設，也學會質疑愛情，不再相信沒來由的善良。可我始終相信兩件事情，一件事：離開家，是為了更好地回家；另一件事：不管我在世界的哪個角落，遠方一定有人會為我亮起屋簷下的那盞燈，那對依偎在一起的老夫妻，一心一意望著遠方，安慰著彼此，別急，再等等，孩子就要回家了。

媽，別擔心

你的好孩子，會逃過重重劫數，成為和現在一樣正直善良開心的人。

我人生的前二十年，是在媽的一片擔憂中度過的。

童年的時候，每家每戶的娛樂單純簡單。茶餘飯後，在大樹下搧著扇子乘涼，受過一點教育的人，說點報紙上看來的新鮮事，沒讀過書的，划拳喝酒吹牛皮。

我拿著皮球撒歡地追著鄰居家的小黃狗，再豎一隻耳朵聽退休教師張大爺講新聞：有時是一場有驚無險的火災，有時是政府給退休工人的新福利，最煽情的要數「退休女工是如何用三年，喚醒自己的植物人丈夫」。

每個夏天，我都要出現在那片樹蔭下，就在那棵枝葉茂盛的大樹下，長成了一個背著書包上學的小女孩。我不再去乘涼了，因為我認識了好多字，晚飯後就趴在床上看報紙，看完了就去看夾縫裡的廣告，後來看家裡書架上成套的《幽默大師》《故事會》，再後來什麼都看，上午看茅盾，下午看高爾基，看得一知半解昏頭昏腦。後來大人問我：「知道《海燕》

是誰寫的嗎？」我撓撓頭說：「哎，想不起來了，好像姓高。」

有一個暑假暴雨連連，樹下乘涼的人都跑回家裡聽收音機了。

我趴在窗戶，看一道驚心的閃電再等一聲雷響，驗證著聲速比光速要慢的理論。大樹的枝椏被暴風吹斷幾個，被迅速捲入流向下水道的湍急水流中，這景象讓我深感心疼，激起了我對自然的恐懼和對生命的敬畏，鬼使神差地拿了一枝筆，在草紙上刷刷地寫下一首詩。那首描寫大樹如何與自然抗爭的詩，後來被登在《遼瀋晚報》上一個很小的角落。

十幾歲的我興奮得不行，每天醒來後和家人說的第一句話就是：「我是詩人啊爸爸媽媽。」那件事之後，我也真的對寫字表露出了很大的興趣，也付出很多努力，我把生活中捕捉到的細節全部寫進我的日記本，把好的日記繼續投給報社，竟然有十幾篇文章陸陸續續地變成鉛字印出來，塞到各家各戶的信箱裡。

我把每一張收到的稿費單小心地保存，去郵局兌換。有時能拿到二十塊錢人民幣，那在我的世界裡就成為對文字的巨大獎賞。

媽不常和我聊心理層面的事情，有一回居然很意外地想和我談談理想。那時我剛剛上高二，課業漸漸變得繁重，卻依舊保持著對寫作的熱情，得了幾個不大不小的獎項，對成為作家這件事有點不自量力。

媽問我：「你以後想做什麼啊？」

我還在看書，頭也沒抬地說：「不是早和你說了嘛，我這輩子只想當作家啊。」

媽半天不語，憂心忡忡地看著我，嘆著氣說：「孩子啊，寫字的人那麼多，以後怎麼能養活自己呢？媽以前小時候想當飛行員呢，後來還不是去做了女工，你看你明年就高三了……」

大學時參加了一個去美國的遊學活動，臨行前的那一整個月都處於亢奮的狀態，看網路上旅行攻略裡的瀑布和峽谷，盯著電腦螢幕咧著嘴傻笑。媽同事的兒子，叫大熊，比我大不了幾歲，在美國住過一陣子，我們請他到家裡做客，想聽聽他的故事和見解。

飯桌上，大熊說：「美國還是很好的，尤其是紐約，多元文化，挺開眼界。」

媽放下筷子，很擔心地看著他：「我聽說那地方不太平，人人都有槍，看誰不順眼就衝你後腦勺來一下，是這樣嗎？」

大熊笑了笑說：「阿姨，我去紐約的第一個晚上，人生地不熟，走錯路了，遇到幾個黑人毒販，拿著槍跟我說一大堆話，嘰哩咕嘟的我也沒聽懂，撒腿就跑，他們都愣了，沒追，哈哈……」媽臉瞬間就陰雲密布，爸很尷尬地看了我一眼，張羅著：「吃菜啊大熊，吃這個，你阿姨做的……」

大熊沒心眼，嘴裡塞滿吃的，還要在手裡拿個雞腿：「外面再好，也比不過家好，很多東西在美國都買不到，比如這雞腿。」他低下頭專心致志啃雞腿，我知道這頓飯讓我媽徹底失掉了胃口。

臨行前的那整個月，媽都沒睡好，每個早上都要勸我一遍：「能不能跟老師說咱不去了，下回有機會再去，媽覺得現在美國不太平啊，萬一有人在身上綁個炸彈，你要是在旁邊，你讓媽咋辦呢……」

在紐西蘭生活了兩年之後，從最初每天都要在微信上和我媽通話，拍超多的照片給她，到漸漸兩三天才回覆一次，微信上每每顯示成堆的綠色方框，我總是回覆一句：「媽，我忙，一會兒回你。」休息時，我打電話給她，每一通電話的開頭和結尾總要扯到我的個人問題上。

媽說：「你知道嗎？不結婚是會引發各種疾病的，老劉的妹妹得了乳腺癌，你猜因為什麼，就因為四十幾歲還沒結婚哪！」

我不耐煩：「媽，我還小。」

媽搬出她的一套理論：「不小了，我在你那歲數的時候，你都會歪歪扭扭地走路了。年輕的時候生孩子，有精力和他們一起玩，能一起做好多事，要是三十幾歲再生，你身體就受不了了，沒時間也沒精力陪小孩，多可憐啊……」

我駁論：「媽，我倆不一樣，你那是什麼年代？二十幾歲不結婚生孩子都是怪物，現在是自由的年代，你一輩子不結婚也沒人管你，再說了我想有點自己的事業呢。」

媽不依不撓：「你看看那誰的女兒，也在紐西蘭，和她的對象兩個一起努力，多好啊，生病了啥的都有個照應，你這要是有點什麼事都沒個人在身邊。要不這樣，我前幾天和同事聊天，他外甥也在紐西蘭，我把他即時通訊的帳號要來了，要不你倆聊聊……」

我忍不住了：「媽，我忙，一會兒回你……」

媽知道我這幾年一個人過得辛苦，我很理解她對我個人問題的這份擔憂。可我也知道，如果哪一天我真的帶著誰，手拉手走到她面前，她一定會在背後偷偷問我：「他對你好嗎？你爸覺得還行，可我總是覺得哪裡不太對勁……」

這麼多年，因為擔心，媽的眉心留下了緊鎖後散不去的褶皺，也失掉好多睡眠和食欲。她擔心我無法如願考到喜歡的大學，擔心我因為我行我素的性格，被朋友孤立，擔心我報考雅思的網站是假的，擔心我坐的飛機會突然從天上掉下來，擔心我無法養活自己，擔心我吃不好睡不好，擔心我寫文章寫到太晚臉上長痘，擔心我是不是一直都在開心著。

成年之前，這份擔心，對我來說是一份負擔；成年後再體會，才能理解，這是一份傾其所有的關愛。因為我是她生命中最重要的那部分，所以她才會如此迫切地希望我活著，好好活著，活得快樂。擔心，是她愛我的方式。

我曾經讀過亦舒的一段話，愛一個人，老覺得他笨，非得處處照顧他不可，而不喜歡一個人的時候，肯定他是聰明伶俐，占盡便宜，不勞任何人操心。這是一段有關愛情的感言，可我在這段親情裡，也有至深的體會。

幾天前媽打來電話，帶著驚魂未定的語氣：「剛才做了一個夢，嚇醒了，夢見你的簽證被取消，被一對白人夫婦送回來，好像是說，你因為沒有及時申請簽證，被移民局遣返回國……」

我聽著媽盡力恢復平和的聲音，心裡覺得又好笑又生氣。儘管每天像做報告一樣向她準時匯報，「今天我吃得很好，睡得很好，工作很好，生活很棒，沒有突發事件也沒有不開心」，然而媽依舊對著相隔萬里的女兒放心不下。我的心裡，鄉愁蕩起一層又一層的漣漪，握緊電話，輕輕安慰她：「媽，別擔心，一切都好著呢。」

我抬頭看天邊一朵雲，盡力不在人來人往的街上掉眼淚，心裡對著那架剛剛飛過頭頂的飛機講：媽，請不要擔心，就算我被騙被辜負被傷害，我也自然會長大；就算那時我沒有考上心儀的大學，拿不到閃亮的學歷；就算我沒有朋友，只能在生活中獨來獨往；就算我在虛假網站報考雅思白白花掉千把塊錢；就算我努力寫字也沒有什麼成績；就算我突然失掉了工作不知未來在哪裡；就算我被愛人指責傷害，我想上天一定會保佑好孩子，祂會在冥冥之中為我在黑暗裡點亮一盞燈，指給我生活的另一條出路。我親愛的媽媽，就算那些你擔憂過和擔憂著的事情發生了，你的好孩子，也會逃過重重劫數，成為和現在一樣正直善良開心的人。

我閉上酸澀的眼睛再看不到那架雲層之上的飛機，它飛走了，或許飛去了我深深想念的地方。我摸摸胸口，還是不爭氣地哭出了聲，媽，別擔心，這個陽光明媚的午後，我像是在說給自己聽，不知道遠方的那個人，聽不聽得到。

〃有一種愛，叫做「媽不想讓你成為我這樣的人」

有一天和媽在電話裡聊我小時候頻頻遭到「毒打」的經歷：數學考到九十五分要被搧耳光；國語生字寫得馬虎要被掐大腿內側；有時候放學後貪玩耽誤了寫作業，屁股被打得又高又腫，第二天都沒辦法坐在班裡的座椅上。

往昔悽慘的鏡頭全堆在眼前，我怪裡怪氣地嘲諷媽：「媽，聽過那個笑話嗎？世界上笨鳥有三種，一種是先飛的，一種是嫌累不飛的，還有一種自己不飛，就在窩裡下個蛋，讓下一代使勁飛。」電話那一端不語，我咄咄逼人地繼續講，「媽，還記得那年就因為我寫字慢，你拿著不鏽鋼椅子毫不含糊地衝我砸過來嗎？」

媽沉默了許久，說：「孩子，媽記得。」

幾天後接到媽的電話，我正在上班，背景音響吵得厲害，我心不在焉地讓她快點講。

媽說：「就給我兩分鐘，剛從報紙上讀到一段話，說得挺好，我記性不好要趕快說給你聽，咳咳，『孩子，我要求你讀書用功，不是因為我要你跟別人比成績，而是因為，我希望你將來會擁有選擇的權利，選擇有意義、有時間的工作，而不是被迫謀生。當你的工作在你心中有意義，你就有成就感。當你的工作給你時間，不剝奪你的生活，你就有尊嚴。成就感和尊嚴，給你快樂。』這人說得有道理，媽嘴笨說不出這樣的話，但是孩子啊，你原諒媽媽吧，當年打你的時候，我心裡認的也是這個理，媽只不過不想讓你成為我這樣的人。」

媽是什麼樣的人呢？

媽是一九六〇年後出生的那一代，成長於中國「文化大革命」的末期，貧窮是整個社會共有的症候，物質上吃定量供應的二米飯和窩窩頭，精神上只有連環圖畫和黑白的革命教育片。

媽是家中的老二，是最肯吃苦的幫手，冬天在雪地裡撿煤球撿到手生凍瘡，夏天編草鞋草繩搓出一手老繭。高中還沒畢業，就迫不得已輟了學，藏起荒唐的飛行夢想，在餐館做起早貪黑的服務生，每個月薪水三十七元人民幣，其中的大部分要用來補貼家用，剩餘的零零散散，小心翼翼地折在方巾裡，攢夠了就給自己買一盒友誼雪花膏。

後來媽結識了爸，兩個人一樣的窮，戀愛時的活動只有壓馬路，最隆重的約會是去看了一場電影《羅馬假期》。兩年後有家境較好的男同事向媽示好，媽卻毅然決然地嫁給爸。二十三歲生下我時，她自己還是半個孩子，一邊按著育兒書的步驟養育我，一邊投身於家庭主婦的柴米油鹽裡。從此她的喜怒哀樂，全部和我有關聯。

從我五歲開始，媽就對我進行棍棒教育，堅信「毒打出才子」，因此我的童年結束得特別早，沒看過太多的故事書，放學後吃過晚飯，就規規矩矩坐在小方桌前寫媽買的練習冊。

那個時候，媽是多麼苛刻，戒尺就放在身旁，眼睛緊盯著我的答案，那嘴角一牽一扯、手掌抬起放下之間，都是我的恐懼。不過也正因為如此，我一直是班裡的第一名，不是因為爭氣，是因為害怕，害怕拿著月考的試卷回到家裡，媽的脾氣鞭炮一般炸響，一手擒住我，一手雞毛撣子打過來，爸在鬼哭狼嚎的氣氛中嘆氣，什麼都做不了。

可是媽並不滿意，她覺得女孩子除了成績好，還該說英文，要懂音樂，言談舉止中要有點氣質和才情。

於是我的週六開始被字母裝滿，十幾歲的我背著重重的書包，獨自走四公里的路，穿過一個擁擠的市場，經過郵局、銀行、報紙攤子，走過下棋的老頭子們和樹蔭下聊天的老太太們，稀裡糊塗地坐在教室裡聽一個半小時的英文課。

我的週日從此被音符占據，媽騎自行車送我去學琴，坐在自行車後座的我，幽怨地背著琵琶，雙手牢牢把住車座的兩端，卻連媽的後背都不願親近一下。

很不幸的是，我沒有在其中的任何一件事上顯示出過人的才能，我聽不懂英文的單複數，也看不懂音樂的五線譜。在我有限的腦容量裡，字母撕扯著五線譜，音符鑽進字母表，兩者暴力地交融發出恐怖的雜訊。

於是我的青春期裡，又多了這樣的景象：英文書被撕爛，琵琶扔在一旁，氣急敗壞的媽，揮舞著胳膊，一下又一下地打在我自覺地翹起的屁股上。我的身上太痛，眼淚太多，常常看不清窗外的晚霞。

除此之外，媽也限制我的交友自由，她只許我和會讀書的四眼小孩做朋友，又完全掐滅了我情竇初開的小火苗。在唯一有男孩子向我告白的夏天，那張被我藏在書包深處的小紙條，被媽粗暴地搜出來攤在桌面上，不分青紅皂白地痛罵，完全不顧把頭埋在胸口的我那十六歲薄薄的臉皮和深深的自尊……

我想很多時候，我都是恨媽的。在我十八歲的日記裡，寫下過這樣灰暗的話：「一個本應該懂得愛的年紀，為什麼我卻先學會了恨呢……」我恨她逼我成為第一名，恨她強迫我學不喜歡的東西，恨她踐踏我的自尊，恨她粗暴的脾氣，也恨她的雞毛撣子和掃把，恨她沒收我全部的自由，給我一個苛刻的人生，卻從未對自己有過任何的要求。

在我的記憶裡，媽從未有過一份長久的工作，是典型的家庭婦女代表。一張臉灰撲撲，從不用化妝品；衣服是夜市裡挖來的大媽款，任腰間贅肉暴露得坦蕩蕩，也不肯費心藏一下。她沒有愛好，沒有朋友，沒有受太多教育，也沒有夢想，每天伴隨她的，只有電視、記帳本和安眠藥。

在我的心裡，媽對家庭的貢獻不大，只是一個吃的符號。她代表早晨六點半的豆漿油條，晚上七點鐘的紅燒帶魚和苦苣皮蛋花生米，深夜裡的海鮮泡麵和拌黃瓜，休息日裡的優格杏仁巧克力和南果梨。

媽整天混跡於菜市場的熱鬧裡，操著尖利的嗓門，不顧形象地和小販激烈地討價還價。多少次我跟在她的身後，刻意地保持相當的距離，悶悶不樂地想，為什麼我的媽媽，不能像別的媽媽那樣，說起話來輕聲細語，燙時髦的大波浪，擦口紅抹白粉，穿紅色的修身毛衣、緊身牛仔褲，腳踩著細細的高跟鞋夾著公事包去上班，走過時帶有一股令人回味的淡淡香水味？所以，在整個青春期裡，我一邊害怕媽一邊嫌棄媽，像是一株不甘被埋沒的植物，很叛逆也很用力地，向著媽的反面，拚命拚命地生長，我才不要成為她那樣的人。

後來，我果真沒有成為媽那樣的人。

我知書達理、低調含蓄，凡事思考比行動在先，做事靠大腦，講話靠理智。我十指不沾陽春水，嫌棄菜市場的骯髒與喧囂，不屑懂柴米油鹽醬醋茶。

我每天早上在健身房度過，晚上看新聞寫部落格。有一票喝咖啡談人生的朋友，也有一個人獨處的好時光。我讀得懂卡勒德·胡賽尼和米蘭·昆德拉，看得懂希區考克和伍迪·艾倫，分得清《歡樂頌》和《藍色多瑙河》，遊走過尼加拉大瀑布和紐約博物館，知道霍金只有三個手指頭能動，赫本和派克最後沒有在一起，當年刺殺甘迺迪的也許不是李·哈維·奧斯華。

我任由自我膨脹到極點，自大地把自己當作世界上最優秀的人，攤開光鮮亮麗的那一面，賭氣一般展示給媽看。可是，媽卻不那麼在意了，她彷彿一夜之間就老了，老到皺紋爬滿眼角，老到頭髮半白，老到再也沒力氣打我。

媽收起雞毛撢子和掃把，不再逼我成為第一名，也不再把我的優秀滿世界地炫耀給人看。她變得溫柔慈祥，竟然有些不像她，當我把第一本書的著作權炫耀著拿給她看時，她甚至只是淡淡地說：「你喜歡的事，就去堅持吧。」

可是這並不能阻止我忘掉童年和青春期時的不愉快。我仍然習慣把自己時不時的敏感和自卑歸罪給媽，我會殘忍地拿「孩子遭毒打跳樓」「青春期少女離家出走」「花季少女自殘」的新聞給媽看，媽總是一副抱歉的表情，拿著報紙反覆看了一遍又一遍，自責，嘆氣，沉默。每當這時，我的心裡會有一絲邪惡的快感。可我還是不懂，當年的媽，為什麼會忍心對我那麼苛刻呢？

我最終在心底原諒媽，不是因為時間的問題，而是搬家時從一堆舊相冊裡發現一本陳年日記。這本紙張發黃的日記本，零零碎碎地記滿了大概媽三十幾歲時每天所要面對的家庭瑣事：今天家裡買到了便宜的菜，明天孩子又要繳補習班的錢，晚上打了孩子心情很難過，聽說三樓的婷婷不念高中去深圳了，最近睡眠不好安眠藥劑量又加了一倍……

日記本的最後一頁，彷彿被淚漬浸潤過的凹凸不平的紙張，矮胖鬆垮的字跡，在眼前一一展現：「夜深了，他還沒有回家，作為一個女人，我的心在滴血……」就在那一刻，媽十幾年前的生活，和我現如下的成人世界，彷若產生了一種共鳴，我開始能夠體會也彷彿能夠看到，從二十三歲開始，這個在貧窮中支撐起一個家庭的女人，沉溺在一種多麼沉重的辛苦裡。

她要獨自面對拮据的生活和並不幸福的婚姻，在那麼寂寞的時光裡以淚洗面。可是她卻從未想過逃離，而是擦乾眼淚，轉過頭來依舊要保證孩子六點半的營養早餐、丈夫加班後的宵夜、乾淨的地板和透亮的窗戶、銀行戶頭緩緩上升的盈餘……

媽那一代的女人，對於家庭比我們更有信念，犧牲是她們的一種本能。生活中，媽在生活裡無限地看輕自己，那樣地逆來順受，而唯一的反抗是，不惜一切代價要讓女兒成為一個優秀的人。她不願看到她的下一代，因為沒有知識和夢想，困頓於家門口的菜市場，和她一樣迫於生活的壓力，為一份菜價和小販斤斤計較。她相信外面有她不曾感受過的美好，她希望她的女兒，有能力去更廣闊的世界看一看。

那是讓我多麼難過的一個夜晚，攤開的日記，彷彿一扇穿越時光的窗，讓我看到另一端日子裡的艱難。晚風涼涼的，淚眼婆娑的我，欠了媽一個時代的溫情。

我想，有一個故事，我忘了講給媽聽。

這個世界上，其實還有第四種笨鳥。牠們生蛋後就收起一雙翅膀，不辭辛勞地築更堅實的巢穴，覓更多的蟲子，在老鷹的盤旋下把幼鳥護在身後，一心一意地哺育牠。等到幼鳥的羽毛長成，牠就帶牠去飛行，任牠翅膀亂拍，摔倒爬起，滿身傷痕，直到可以放心地看著牠在天空長久地飛行。終於有一天小鳥迫不及待地要離開溫暖的巢穴，於是做媽媽的，看著那個曾經幼小的雛鳥飛向廣袤的天空，最終變成一個模糊的小黑點，伸著脖子仰望的牠是多麼的驕傲與幸福，驕傲幸福到都忘了自己，牠們早已聽覺減弱，羽毛脫落，永久地失去了飛翔的能力。

媽媽啊媽媽，這真的是世界上最笨最笨的一種鳥。

// 離開家的這幾年

始終相信：離開家，是為了更好地回家。

（一）

這一年的中秋節，我還是沒能在家度過。社群網站被闔家團圓照洗版，熙熙攘攘地擠滿我三點五吋的手機螢幕。我照例不過這種節，月餅太貴，中餐館爆滿，晚上八點半後，到處都聽得到華人把酒杯碰得叮噹響的聲音。印度鄰居很友好地衝著我雙手合十「Happy Moon Festival」，我失神地望向他身後升騰起的那片巨大的光明。南半球的月亮，圓潤得有點做作，不像記憶中的那一個。

爸媽終於學會了用微信，他們小心翼翼地把握著時差，把生活裡好的那部分直播給我看。我缺席了他們生命中的好幾年，一些關於家的消息就只能依靠這種方式來聽說。

聽說老房子都更了，全家二十幾年的記憶，深埋在一幢氣派高樓的根基裡；聽說爸媽在城市的最西端落了戶，開發商贈送的門前花園，被種滿扁豆和番茄，用來當作抵禦城市霧霾的武器；聽說爸媽布置了一間臥室留給我，床上還擺著我小時候的毛絨玩具；聽說壁紙是我喜歡的嫩黃色；聽說家裡的虎皮蘭開了花。我也聽說，爸常常對著牆壁發呆，嘆著氣抱怨房間空蕩蕩，媽也在講：「孩子小時候總吵著要個帶鎖的房間，現在好不容易住進了新房，她怎麼卻不在家啦？」

我從冰箱裡摸出一塊放硬了的蛋糕，坐在門口的石階上瘋啃，晚風嗖嗖地鑽進袖口，撓得腋下癢癢的。我覺得我有點想家了，手中的巧克力蛋糕都有了蓮蓉蛋黃味。

媽在微信上祝我節日快樂，附上一張月餅的照片，有點可惜地跟我說，今年中秋節，單位發了好多月餅，沒你最愛吃的蓮蓉蛋黃，都送人了。

我笑她老土，這邊哪裡有人過中秋，心裡卻暗暗地流著淚，媽，明年中秋節的時候，把月餅留我一份吧，豆沙的、五仁的，還是蓮蓉蛋黃的，我不在乎，什麼都行，我只想嘗嘗家的味道。

這是我離開家的第四年。

（二）

辦理新的簽證時，移民局要求我做一次徹底的身體檢查。兩天後的驗血結果，醫生很憂心地要求再做一次重新的檢驗。兩管血抽下去，黏稠的暗紅色，從臂彎的針孔中迅速地流走，又被打上我的標籤。

幾天後，我坐在醫生的面前，他指著一堆難懂的英文辭彙和資料告訴我：「你瞧這裡，普通人體內鐵蛋白的含量在 20-170ng/ml 之間，你在六以下……你的血糖值也略微高於正常值……」

末了，他摘下眼鏡，很嚴肅地講：「你怎麼能把身體折磨成這樣？」

我不敢打電話回家，幾天前還很有信心地和爸媽講：「不用惦念，我把自己照顧得挺好的，每天都做好吃的給自己，醋熘白菜、蒜薹雞蛋、韭菜盒子……前天還和我的臺灣同事學著煲了四物湯。」可事實上，我很少煮飯，高強度的工作量讓我沒有時間保證飲食規律，也失掉興致去講求營養搭配。

我的櫃子裡儲存了太多的罐頭食物，不同國度的泡麵也堆了幾箱。桌子上放了太久的麥片，深夜寫作時餓了就隨便抓一把，泡在冰冷的牛奶裡，讓胃去做溫暖的工作，或者一杯接著一杯地灌著特濃咖啡，我把每一天都浸泡在高濃度的咖啡因裡。

我握緊體檢報告，一個人漫無目的地走在馬路上，街口的桃花被風吹散，落在我頭頂。

小伙子們開著敞篷的跑車，嘻皮笑臉地對著我吹口哨，音響裡 The Proclaimers（蘇格蘭本土風格的兄弟樂隊）狂妄地嘶唱著：「And I would walk five hundred miles, and I would walk five hundred more……」

從遠處走來的母女，女兒一手拎著超市的購物袋，一手牽著母親的手，小心翼翼地往前走，老媽媽不放心地翻開袋子看：「我們買對了吧，你爸爸不愛吃別的肉，上回我們就買錯了，這次看著也不像對的啊？」女兒拉過袋子，語氣明快確信道：「哎呀，這回買的肯定是對的，你就放心吧。」

我經過還在爭執著的她們，覺得自己如同一塊行走著的巨大的防腐劑。

那是我離開家的第三年。

（三）

我生日那天，邀請一群人到出租屋裡慶生。

六點一過，屋子裡就堆滿了各種各樣的洋酒——成箱的 Heineken、Corona，大瓶烈酒 Jim Bean、Jack Daniel's、Tequila，捆在塑膠袋裡沒聽過名字的紅白酒……還有人自備了調酒杯和奇怪的佐料，站在椅子上嘩啦嘩啦地搖血腥瑪麗。大家出國多年，作風洋派，只要有酒，在食物方面就毫不在乎，餅乾、花生、乾巴巴的爆米花，都成了打牙祭的下酒菜。

我們聽八○年代的搖滾，搖頭晃腦，拿著酒杯亂碰。關於生活和感情的各種八卦散播在酒精裡，有人說「Lady Gaga 得了憂鬱症，胖得像隻豬」，也有人說「某某某的綠卡剛剛下來，聽說都在這待了十三年了」，也有人喝著喝著就想起一段失去的戀情，掀起一小片的哭聲。我和一群人跳著無名舞，比拚喝酒的速度，十秒鐘一瓶三百三十五毫升啤酒的速度，讓我們的世界失了聲也失了真。我看到有人喝完自己這杯，又把手伸向別人那瓶，有人惡作劇地往別人的杯子裡混進烈酒，也有人在黑暗裡毫無理由地猥瑣曖昧。

直到凌晨，一群人的狂歡才散了場，留下我一個人，從熱鬧裡抽離出來，對自己說句生日快樂。

整個房間一片狼藉，空的和半空的酒瓶倒下一片，餅乾被無數雙鞋子踩碎在地板上，不知誰的皮包落在椅子上，我的被子上沾著紅酒的色彩，我開始無比想念一個家庭的生日派對。

媽會在我生日這天早早起床，穿越飄著柳絮的弄堂，去幾個街區外的農貿市場買東西。她的手上拿著一張長長的購物單，在熱情吆喝的小販間仔細地挑選。她放進袋子中的帶魚，一定是最新鮮的，挑好的茼蒿，也一定嫩綠得不帶瑕疵。她瞇起眼睛和小販討價還價，小販一副賠了本錢的表情，卻又在媽的袋子裡塞下幾粒核桃。

爸會去訂一個水果蛋糕，認真寫一張祝福字條，叮囑店家下午四點前一定要做好，回家後鑽進廚房，手上接過媽買來的雜貨。爸給肉餵好佐料，有人打來電話約他去喝酒，他嘴饞地拒絕著：「不去啦，今天女兒過生日！」媽斜了爸一眼，在旁邊，邊嘮叨邊切著菜。

我就坐在他們的身邊，喉嚨裡淌過冰鎮的雪花啤酒，等不及一場家的盛宴。

那是我離開家的第二年。

（四）

不知為何中餐館的老闆娘總是嫌棄我，她總是在我的身後說：「笨死了，你怎麼什麼都做不好。」

我為客人做甜點，老闆娘在身後監視。剛把奶油噴上去，她就一把搶來碟子指著給我看：「不是這樣的啊，太浪費了，你知不知道這很貴的！」下一次稍稍噴少了一點，我又聽見她激動的聲音：「你放這麼少我還怎麼做生意，顧客還來不來了？」我拿飲料失了手，玻璃杯掉在地上四散著碎開，她衝過來：「你的薪水夠不夠賠？」我的手臂被油鍋燙出一大塊消不掉的疤痕，她冷笑：「你也太笨了！」下班時我拿著一堆書去圖書館，她戲謔著：「就你還看書呢！」

不知為何，我的房東也小氣得可怕。洗碗時經常聽見隔壁傳來濃重的方言，大意是「天哪，白花花的水，不要錢的呦……」他心疼每月月底的水費帳單，又常常在我洗澡的時候狠狠拍著門。這一間被房東建在院子裡的鐵皮房子，起風的時候可以聽得到金屬搖曳的聲響。房東提供的小冰箱，無法正常製冷，午後蒸籠一樣的溫度，就那樣溫熟了我的牛奶，腐壞成了酸臭的膏狀體，他指著我的鼻子堅決地說「這一定是你搞壞的」。

我在無眠的夜晚躲在被子裡哭泣，常常在想，當我被老闆娘喝斥著，低下頭一片一片撿起玻璃杯的碎片時，我曾經是每天穿西裝踩著高跟鞋，花十幾個小時和來自世界各地的郵件打交道，受到很多尊重的公司菁英，這些，她知道嗎？

當房東在我洗澡的時候故意放開了聲音講話，超過五分鐘就來拍門的時候，我已經連續工作了十幾個小時，非常需要用熱水洗去染進頭皮的油煙和疲憊，這些，他知道嗎？

當他們摟著孩子親密地說著悄悄話的時候，我也是另一個人的一個女兒，我的媽媽每時每刻都在擔心著她遠方的孩子受委屈，這些，他們知道嗎？

人的心，可以是壞的。

那是我離開家的第一年。

（五）

你去過夜晚的機場嗎？不為了迎接一個遠方的朋友，也不為了目送情人的離開，站在觀景窗戶後面，混在人群裡，只為靜靜地做一個觀察者，看一場離別的儀式。

你看得到嗎？飛機緩緩地在跑道上滑行，身邊兩三歲的小女孩企圖掙脫母親的懷抱，帶著哭腔伸著手，叫著「baba，baba……」她的母親含著淚抱緊女兒，抓緊她的小手。兩步開外的獨身女孩，也頭頂著窗戶，嚶嚶地流著淚。一個男生站在角落，看著飛機起飛的方向抿緊了嘴角。那個站在我身旁不遠的印度男人，神色肅穆又憂傷。

這個世界上，每天都上演太多離別，可大概無論離開家的理由有怎樣的不同，回家的理由卻永遠只有一個。

這是我離開家的第四年，漂泊的日子，讓我對世界的信任所剩不多。我開始對真理有了假設，也學會質疑愛情，不再相信沒來由的善良和吹噓到天花亂墜的保健品。可我始終相信兩件事情，一件事：離開家，是為了更好地回家；另一件事：不管我在世界的哪個角落，遠方一定有人會為我亮起屋簷下的那盞燈，那對依偎在一起的老夫妻，一心一意望著遠方，安慰著彼此，別急，再等等，孩子就要回家了。

吃肉的日子

（一）

媽又在微信上跟我講：「等你回了國，我和你爸給你做鍋包肉、酸菜粉、排骨燉豆角。你不是最想喝大骨頭湯嗎，到時候給你煮一點，保證連骨頭都燉酥了，那骨髓一吸，哎，好吃的咧……這你在那邊都沒吃著吧？」

二〇一三年一月一日，我正式成為了一名素食主義的信奉者。起初是因為消化系統對肉類的抵觸，後來當朋友驚訝地問起，連我自己也說不清是什麼原因了。我不信奉宗教，也不是徹徹底底的動物保護主義者，可是不管用多麼誘人的烹調方式，就算是一隻肚子飽滿、全身金黃酥脆、散發燻烤味道的火雞放在我的鼻尖下，我也心如止水了。

當然，這些我媽都是不知道的。

（二）

在我爸成為公務員之前，他是個市面上少有的英俊廚師。每天十幾個小時站在廚房，不管冬天夏天，脖子上都搭著一條被汗浸透的毛巾。但凡叫得出名的北方菜，他樣樣都能做到極致。

他最拿手的是鍋包肉、醬燜茄子和拔絲地瓜，有人路過來吃一頓便飯，這一頓就能把他們變成一坐幾年的老顧客。後來我爸討了餐館裡最有福相的服務生當老婆，不過靠的不是精湛廚藝，而是為人善良。

那時餐飲業開始像雨後春筍般地發展起來，爸媽工作的老字號敵不過激烈的競爭，在節節敗退後最終選擇關門，這對年輕的夫婦不得不另謀生計。

我媽不知從哪兒借來了倒騎驢（東北一種原始的木質交通工具），早上三四點就起床，在零下二十幾度的大冬天裡騎一個小時去上貨，然後再找個熱鬧的街頭，和一群四五十歲面相凶狠的大爺大媽們搶生意。別人都是大聲吆喝，我媽卻是個細聲細語的小媳婦，受人欺負，生意不好，患了關節炎，還收過假錢。她一個人在寒風中偷偷抹眼淚，溼了的臉蛋被寒風吹乾吹硬，留下常年的高原紅。

我爸每天早出晚歸敲著門地找工作，上的火積成火癤，越長越大，最後占了半個胸口。呼吸的時候，冒著火地疼，呼出的氣都帶著高燒似的溫度。眼見家裡的積蓄馬上見了底，我爸這個最要面子的人狠下決心去借錢。

他懷著希望走訪了所有的朋友和親戚，可是卻忘記了那是個所有人都避著貧窮的年代。

他抬頭時看見一扇扇門打開一點縫隙又關緊，低頭時狠心丟下面子撇下自尊伸出去的手，再揣進口袋裡的時候卻沾滿了別人的鄙夷。

他遊走在寒風下的街頭，周圍的一切都是落寞而了無生氣的，心裡裝滿了辛酸和失落。想起家中的妻子，他把握緊的手掌舒展開，決定用那幾枚珍貴的硬幣，買點希望。

我爸回到家，為我媽做了最普通的白菜燉豆腐，平日裡都是清湯寡水，那天他放了好幾塊排骨在裡面。白菜湯濃郁、香甜，排骨鮮美、酥軟，這是他帶給全家的希望。

在那一年冬天即將結束的時候，我來到這個世上。

家裡還是一樣的一貧如洗，但我卻沒聞見貧窮的味道，充斥我小小鼻腔裡的氣息，是肉的香味。

（三）

生活對善良的人最大的回饋，就是公平。

我爸靠著善良質樸的品行成為了一名公務員，我媽專心在家做一名全職主婦，夫婦倆分工明確。日子在兩個人的努力下，漸漸過得有滋有味。家裡添置了電視電話，又買了超大的冰箱，我總踮著腳和它比身高，輸了卻也驕傲得不得了。

我媽最愛倚在床頭看存摺上的數字緩慢卻穩定地增長著。我爸說，再買個洗衣機吧。我媽掩著嘴樂，說太貴了別買，手洗多乾淨啊，還是給你買個手錶吧。我爸搖搖頭，說那玩意有啥好的，能給我女兒做多少頓鍋包肉啊！

但凡經歷過貧困年代的人，富裕起來，要麼突然暴殄天物，要麼繼續艱苦樸素。我的爸媽，屬於後者。

我爸工作勤奮，很快得到賞識，時不時有了酒局。在那個「打包」被視為「沒錢」「丟臉」的年代，我爸卻是個異類，他每次從酒桌上回來，要麼拿回來半條魚，要麼裝回來點熘肉段。有時飯盒裡的東西太多，我爸剛到家門口就嚷嚷，女兒啊看我給你帶什麼回來了。那時我媽就會從廚房拿雙碗筷，瞇著眼和我爸看我吃肉時狼吞虎咽的模樣。

我爸跟我媽說，你也吃啊。

我媽說，我不餓。

我吃得香極了，肉渣子黏在嘴邊也不擦。

我也說，媽你吃點啊，老香了。

我媽說，你快吃吧，不是跟你說了麼我不餓。

我上小學時的一段時間，我媽出去工作。我中午不能回家吃飯，就在學校餐廳解決。吃慣了家裡的飯，學校的飯菜簡直難以下嚥，肉是嚼不動的，菜是一成不變的大白菜，腐乳是鐵絲味的，唯一值得期盼的，是每週二的半截香腸。那細細的香腸，從側面切出幾刀，炸爐炸過就支起來，再裹上一層鹽還有孜然粉，一到週二早晨就開始望眼欲穿的。

我跟我媽提起，學校的炸香腸簡直好吃極了。

我媽問我那是什麼味道啊，從那以後我就把每週二的香腸留在飯盒裡帶回家，把它當作了一種堅定的信仰。不管中午吃飯的時候經受著多麼巨大的誘惑，我都把香腸夾到一邊，吃完飯盒裡的飯菜，再把香腸夾回去，吸吸味道，就戀戀不捨地滿足了。

我成年後，我媽跟我說起這事時，還是一臉的驕傲。

她說女兒午飯就那麼半截香腸還惦記著我，晚上回家，香腸一股悶久了的油炸味，女兒舔舔小嘴就那麼拿著飯盒給我，媽你吃香腸，可好吃了，我特意給你留的。我媽每次說到這兒，都得大哭一場。

國中時去軍訓，一週的訓練把我折騰得又黑又瘦。最後一個晚上，宿舍的同學躺在床上，有唱歌的，有看書的，有哭著說想家的，只有我窩在被窩裡給我爸發簡訊，我說爸我想吃鍋包肉、可樂雞翅、排骨燉豆角，你再給我買瓶雪碧，最好幫我做兩盤鍋包肉，我都能吃得了……

後來上了高中，高三時雷打不動每天早晨五點起床背書，我媽就四點鐘起來為我做牛肉炒飯。我媽做的牛肉炒飯，牛肉鮮嫩入味，米粒軟硬適中，吃起來有火熗過的味道，那是我離家後就再未嘗過的滋味。不管是五塊錢的路邊攤，還是五十塊錢的豪華餐館，我都再沒見過那麼好吃的炒飯。

大學畢業後，我執意要出國。那時的自己，心與目光都長滿翅膀，一心一意要到遠方。彷彿遠方才有理想，遠方才有希望。

（四）

臨行前的最後一天，我爸做了我最愛吃的菜，一家三口默默坐在桌前，不言不語。

我爸喝了幾口酒，說，女兒啊，你爸這輩子沒啥大能耐，就會做這麼幾個菜。你這一出去，不知道啥時候才能回來。要是覺得外面好，就好好享受，別惦記爸媽；要是在外面受委屈了，就趕快回來。爸媽不指望你有多大出息，你要是覺得在家好，給你做一輩子飯都行啊。行了，你們娘倆別哭了，趕快吃飯吧，孩子這一出去，肯定吃不上家裡這麼合口味的飯了。

我如願來到「遠方」，一個人過上了漂泊的日子。在這個高消費的國家裡，我想盡一切辦法讓自己有一個活下來的能力，從一個靠腦袋活著的人，變成了徹底的體力勞動者。

下雨天走一個小時的路去豪宅裡擦地板刷馬桶，做不好的地方都要重來一遍；在超市站十幾個小時收銀，每天結束時都雙腿腫脹青筋暴脹；中餐館廚房裡洗菜刷碗，雙手找不出一塊滋潤的地方；咖啡館裡認認真真製作咖啡招呼顧客，薪水被老闆拖了又拖。我的住處換了七八個，和旅行箱在夜裡穿行的日子彷彿歷險。我的舊衣服穿了好幾年，色彩褪去多半，飲食上也從不奢侈，肉包子聞聞味道就夠，吃不到嘴邊就已經想家了。

靠著一些英文，一分運氣，一點勤奮，還有爸媽滲透在我骨子裡的堅強，如今的我已經做到了經理職位，慢慢有了固定的朋友圈，也開始體會到被人需要，經濟狀況有了很大改觀，容許我慢下節奏精心生活。

爸媽時常從微信裡發來問候，我只挑最好的事情和他們講。他們不懂外語也不曾來過外面的世界，關心的話題永恆不變，每天都按時吃飯不啊？聽說那邊的肉都不放血啊，能吃得慣嗎？今年有空的話一定回來啊……

我走進這個城市大大小小的餐館，不管是配料精良的小羊排，還是一道普通的家鄉菜，我始終嘗不出肉的好滋味。閒暇時也試著做一些飯菜給自己，肉總是少了些味道，永遠不能恰到好處。那時的自己，對著一盤盤豐盛卻不鮮美的肉菜，默默無言，原來父母把最好的愛，都烹調進了吃肉的日子裡，給了我。

都說北方人自古面朝黃土背朝天，骨子裡那些浪漫的情懷早被莊稼地裡的害蟲吃盡了，所以我們再熱忱的語言都顯得簡單粗俗，心裡有再巨大的愛要表達，也說不出「我愛你」，往往憋了半天，才從懷裡拿出個饅頭，說「你吃吧」。

我善良的東北父母，對我所有的深愛，是他們飢餓時對我說的「我不餓」，還有精心準備一桌子飯菜等我回家時的一句「孩子，可勁兒造吧（儘管吃吧）」。

寫下這篇文章的時候，我正吃著蔬菜沙拉，配著回憶裡吃肉的葷腥日子，溫暖，也有滋有味。

我拒絕了吃肉，卻無法抗拒回憶裡吃肉時的幸福。聽著我媽在微信裡興高采烈的聲音，我說，媽，今年我就回家。

後記

別被生活耗盡了夢想

（一）

冬天伊始的時候，我決心離開奧克蘭，去另一個陌生的城市裡生活。

我結束做了很久的工作，辭別了幾年來結交的朋友，把簡陋房屋裡的東西打包裝進行李箱，被褥捲成一個大大的行囊，像極了一個顛沛流離的旅人。離開的時候，開在最熟悉道路的反方向，窗外的風景從熟悉漸漸變得不認識，快速倒去的樹木在夜晚的蔓延下，變作一叢黝黑的鬼魅。

我慶幸自己在出國的四年裡，歷盡人間苦難的洗劫，還擁有一份天真的夢想。從不願在一個地方久留，總是把生活折騰成熱烈的模樣，走想走的路，愛想愛的人，把每一件事都做到刻骨銘心，無怨無悔。

在離開奧克蘭之前，我以一次二十一公里的半程馬拉松完成了和這個城市的告別。

單調而重複的運動容易讓人靜下心來思考，兩個小時四十六分鐘不間斷運作的跑步機上，我把這幾年來的生活畫面在腦海裡過了一遍。

第一次一個人拖著行李箱尋找寄宿的地方，第一次找到一份靠雙手養活自己的工作，第一次拒絕父母的經濟支援選擇打三份工繳學費，第一次把車子戰戰兢兢地開上路，第一次被人欺負咬著嘴唇在心裡暗暗發誓一定要出人頭地，第一次受委屈夜晚窩在被子裡流眼淚卻告訴自己一定要堅持下去……

這些我二十二歲出國之前從未設想過的事情，全部發生在這樣一座從陌生到熟悉的城市，定格為生命中最深刻的成長畫面。

作家張嘉佳說過這樣一句話，簡練又精準地形容夢想帶給生命的意義。他說，過自己想要的生活，上帝會讓你付出代價。但最後，這個完整的自己，就是上帝還給你的利息。我不禁想起我十三歲時的夢想，是希望自己二十歲那年可以有一百萬，能夠出版一本書，還會和喜歡的人一起環遊世界。

而現在我二十六歲，十三歲時的願望雖然延遲很久，卻也實現了一些。

我的第一本書即將出版，現在和喜歡的人在一起，每天都憧憬著環遊世界，雖然口袋裡的錢幣還湊不夠一百萬的越南盾，可是生活回饋給我一個不錯的利息，並且慷慨地告訴我，夢想只要堅持得足夠久，就總有實現的那一天。

遙想七年前臨近二十歲的自己，肥胖、拖沓，懼怕融入群體，對未來常常不知所措。看什麼都是一副灰心喪氣的模樣，在那麼青春的年紀裡，卻活出了一個蒼老的模樣。如果我一路保持那樣的狀態，如今會成為一個怎樣的人呢？

我想不出結局。

感謝夢想成為我的信仰，我闖蕩世界，堅持寫作，把各種苦難和喜悅的經歷放進自己的生命裡。四年獨自出國遠行就像人生中的一個轉折點，讓我體會到生命的另一種可能，我才得以在這種可能下盡情地伸展自我。

現在的這個自己，還不能說已經成為一個全新的人，但是那些在遠行中所經歷的挫折和苦難，就成為發生在皮膚下看不到的變化，那是藏在淺淺皺紋後面的決心，是老去的年齡背後潛伏的意志力，還有那些作為信仰的夢想，一同讓我在這樣堅定的人生裡飽滿地綻放。

（二）

我安家的城市，在一座雄偉山峰的腳下，是一片陽光充沛的土地，有海的靜謐和山的偉岸，是旅人停留就忘記前行的城市。

我學著那些拿著打工度假簽證來過空檔年的年輕人，在這裡的奇異果工廠做一名手腳麻利的包裝工人。雖然工作性質聽起來無聊，但是這個傳送帶沒有停歇過一分鐘的地方，我更喜歡稱它為夢想工廠。

一百多個來自世界各地的年輕人在工廠裡選果，包裝，搬箱子，把一件件簡單又無聊的事情做到意義重大。年輕真好，有用不完的精力，每天工作十幾個小時還依舊可以在一起熬夜聊著天，十九歲的義大利女孩獨自出門旅行，在西班牙住了六年的法國女孩訂好了下個月去印度的機票，阿根廷妹妹和男朋友分手後一個人遠渡重洋看看愛情以外的世界，那個日本大姐苦學英文希望可以回國去做一名老師……

每個人都有夢想，有關愛情有關職業有關未來的各個細小方面，說起來動聽又浪漫，可是在這個過程中，每個人也都有不為人知的辛苦和煎熬。

夢想工廠裡有人選擇從早上七點鐘做工到第二天凌晨一點，連續幾週都重複同樣的日子，有人每日只拿便宜的麵包和白開水度日，也有年輕人為了省錢住在背包客客棧，和十幾個人混住在一間小小的臥室裡。這些人當中，有人辭去穩定的工作，決心用五年的時間放逐自己到世界另一端去看一看，有人存錢只為寫一本比孤獨星球還要精彩的旅行指南書，有人不顧家人的反對和世俗的約束，為了男女朋友將愛情一次次辛苦遷徙，還有人想在這裡拚命地賺到一份可以回國去開一家蛋糕店的資本。

四年前獨自出國時，我也經歷過很多這樣的時光。我在冬日凌晨迎著寒風走路上班，也在雨夜裡帶著恐懼奔跑回家。為了省錢常常餓著肚子徒步去任何地方，在三份工作之間穿梭，存一筆巨額的學費，又熬過一個又一個的深夜，伏在桌子上把作業寫到無可挑剔……我一個人在歲月裡把這些煎熬慢慢地消化，受了很多委屈，得到很多不理解，可是實現夢想本身就是一件苦難重重的事，我沒辦法選擇一份容易的生活，對那個十年後本可以坐在鄉間小房子裡看書寫字隨時帶上背包說走就走的女孩說再見。

一份夢想，表面的浪漫總是被背後的辛苦支撐起來。在這條路上，你會收到很多抨擊，很多委屈，很多不尊重和不理解，可是夢想是一件非常私人的事情，只有你知道它的重要，任何人都無法用他的標尺衡量。有些時候，苦難本身並沒有意義，是夢想讓它有了價值。

（三）

我時常會想起一個理髮師，和我來自同一個城市，在我剛剛出國的日子裡，一有空都會去那裡聊聊天。

他的理髮間是面向馬路的車庫改裝的，街上人來人往，他的生意卻時常冷清。臨近四十歲的人，腦頂禿了一片，後背總是駝著，一副扛著太多壓力的模樣。門可羅雀的時候，他習慣在手裡把玩一把剪刀，倚在窗戶上看馬路上走過的行人，有時會和我說：「以前大學畢業後還堅持寫作了好幾年，現在還想寫，卻沒什麼力氣了。」

我坐在椅子上靜靜聽，他說話的樣子，像極了一隻無法展翅的籠中鳥。

幾天前看了李蕾的《藏地情人》，她在書中描寫了一個賣雪蓮的男人，他嚮往遠方，卻不敢出發，一直在巷子裡。她寫道，「一個人下決心實現願望，總是有辦法的，可是大多數人終其一生都未品嘗過願望成真的滋味。人們假裝沒有錢，沒有時間，沒有願望，沒有不顧一切的決心，直到真的一無所有。賣雪蓮的男子漸漸老去，因為他根本不相信自己的願望。」

有時候，人和人是靠夢想分出區別的，塞繆爾．烏爾曼在散文《年輕》中說道，「沒有人僅僅因為時光的流逝而變得衰老，只是隨著理想毀滅，人類才出現了老人。」我又想到那個剪頭髮的男人，不知道他有沒有把手中的剪刀，換成了一枝筆。

我在日記本的扉頁上寫下這樣的話：

I shall be telling this with a sigh
Somewhere ages and ages hence :
Two roads diverged in a wood, and I—
I took the one less traveled by,
And that has made all the difference.

（也許多少年後在某個地方，我將輕聲嘆息把往事回顧，一片樹林裡分出兩條路，而我選了人跡更少的一條，從此決定了我一生的道路。）

一個人這一生沒有多少東西屬於自己，夢想是最難得的那一個。我很慶幸有勇氣選擇了這樣一條人跡罕至的路，雖然它布滿荊棘、崎嶇不平，但我始終相信，我可以把這樣一條路，走得更遠更美好。

二〇一五年五月六日

寫於陶朗加（Tauranga）的冬夜凌晨

高寶書版集團
gobooks.com.tw

GLA 050
女孩兒也有骨氣！別說我們不需要努力

作　　者　楊熹文
特約編輯　林婉君
助理編輯　陳柔含
封面設計　黃馨儀
內頁排版　賴姵均
企　　劃　何嘉雯

發 行 人　朱凱蕾
出　　版　英屬維京群島商高寶國際有限公司台灣分公司
　　　　　Global Group Holdings, Ltd.
地　　址　台北市內湖區洲子街88號3樓
網　　址　gobooks.com.tw
電　　話　(02) 27992788
電　　郵　readers@gobooks.com.tw（讀者服務部）
　　　　　pr@gobooks.com.tw（公關諮詢部）
傳　　真　出版部(02) 27990909　行銷部 (02) 27993088
郵政劃撥　19394552
戶　　名　英屬維京群島商高寶國際有限公司台灣分公司
發　　行　英屬維京群島商高寶國際有限公司台灣分公司
初　　版　2020年7月

原書名：請尊重一個姑娘的努力
本作品中文繁體版通過成都天鳶文化傳播有限公司代理，經北京念真文邦文化傳媒有限公司授予英屬維京群島商高寶國際有限公司台灣分公司獨家發行，非經書面同意，不得以任何形式，任意重製轉載。

國家圖書館出版品預行編目(CIP)資料

女孩兒也有骨氣!別說我們不需要努力／楊熹文作.
-- 初版. -- 臺北市：高寶國際出版：高寶國際發行,
2020.07
　面；　公分. --

ISBN 978-986-361-868-3(平裝)

1.自我肯定　2.生活指導　3.女性

177.2　　109007843